AF267313

La famille est l'institution fondamentale d'un pays. Qu'elle dérive du droit politique ou du droit naturel, elle forme la base même de l'État; aussi est-elle l'expression la plus vraie de la vie intime d'un peuple, l'image la plus fidèle de la condition sociale des individus.

Lorsque, au ve siècle, les Barbares franchirent le Rhin, les Burgondes firent partie de l'invasion; ils se fixèrent dans les Gaules et vinrent mêler leurs institutions aux institutions romaines. Étudier la famille chez ce peuple, c'est examiner l'un des points de l'histoire qui se rattache étroitement à nos origines nationales.

Pline, qui écrivait vers la fin du 1er siècle de notre ère, est le premier auteur qui parle des Burgondes. Il les range au nombre des Vandales, peuples de la Germanie. (*Hist. nat.* IV, 28.)

Ammien Marcellin nous apprend (XVIII, 3) qu'au ive siècle les Burgondes habitaient la région de *Palas* (vers le Mein).

C'est de là qu'ils partirent lorsque les Vandales, les Alains et les Suèves se jetèrent sur les Gaules en les entraînant à leur suite. (Orose, VII, 38.)

En 413, ils obtinrent (d'Honorius) une partie des bords du

Rhin[1]; ils y formèrent leur premier établissement régulier dans les Gaules, à Worms, dans la première Germanie.

Dans ce cantonnement, les Burgondes étaient des *hospites* devenus soldats romains.

Aetius les défit en 435[2], après une révolte contre les Belges[3]. On les trouve en 443, dans la *Sapaudia* (la Savoie), faisant un premier partage de la terre avec les habitants du pays[4], et, en 456, un second partage avec les sénateurs gallo-romains[5].

De soldats romains qu'ils étaient avant le partage de 443, les Burgondes devinrent les alliés et les auxiliaires de Rome : « Quon- « dam milites romani, nunc vero jam in numero auxiliariorum[6]. » C'est à ce titre qu'ils combattirent, en 451, contre Attila[7]; en 456, contre les Suèves[8], et, en 474, contre les Wisigoths[9].

L'Empire tombé, en 476, les Burgondes restèrent les maîtres d'un pays déjà façonné à leur commandement.

En 501, Gondebaud donna à son peuple un recueil de lois. Des lois postérieures s'y ajoutèrent, et l'ensemble de cette législation forme ce que l'on nomme la *Lex Burgundionum*, ou *Loi Gombette*.

Ce fut le premier recueil que firent paraître les Barbares dans les Gaules. Il offre cet intérêt particulier qu'entre tous les codes

---

[1] « *Luciano viro clarissimo consule*. Burgundiones partem Galliæ propinquan-« tem Rheno obtinuerunt. » (*Chronicum S. Prosperi Aquitani.*)

[2] « *Theod. XV et Valent. IV. coss.* Eodem tempore, Gundicarium Burgun-« dionum regem inter Gallias habitantem Aetius bello obtinuit, pacemque ei sup-« plicanti dedit, qua non diu potitus est. Siquidem illum Hunni cum populo suo « ac stirpe deleverunt. » (*Chr. S. Prosp. Aquit.*)

[3] « Victor Vindelico, Belgam Burgundio quem trux

« Presserat. »

(Sid. Apollinaris, l. VII, v. 234 et 235.)

[4] « Sapaudia Burgundionum reliquis cum indigenis dividenda. » (*Chronicon Tironis.* — Ann. xx regn. Theodosii; *ad ann.* 443.)

[5] « Eo anno Burgundiones partem Galliæ occupaverunt, terrasque cum Gallis « senatoribus diviserunt. » (*Marii Aventicis episcopi Chronicon; ad ann.* 456.)

[6] Jornandes, *De Getarum rebus gestis* (édit. Nisard, c. xxxvi).

[7] *Id. ibid.*

[8] *Id. ibid.* c. xLIV.

[9] Sidoine Apollinaire. Liv. III, lett. 3; — liv. VII, lett. 1. — Voir Tillemont, *Histoire des Empereurs.* Édit. de Paris, t. VI, p. 427.

des peuples de la Germanie, aucun ne montre mieux la fusion de l'élément romain avec l'élément germanique, et l'organisation de la famille germanique dont nos mœurs et nos lois ont gardé l'empreinte.

Étudions donc les éléments de la famille chez les Burgondes : sa constitution personnelle, sa constitution réelle.

I

CONSTITUTION PERSONNELLE DE LA FAMILLE.

§ 1. Fondement et composition de la famille.

La famille germanique et la famille romaine différaient essentiellement.

A Rome, la famille avait pour fondement la puissance paternelle, ce droit propre aux citoyens romains, *jus proprium civium Romanorum*. Création du droit de la cité, du droit quiritaire, sa constitution reposait tout entière sur un principe politique.

La famille romaine se composait des seuls parents de la ligne paternelle, des agnats *ad eum nati*, et de ceux que le père de famille y faisait entrer par l'adoption ou l'adrogation.

Le *pater familias* tenait tout concentré sous son pouvoir, réunissait tous les attributs de la souveraineté domestique sur les personnes et sur les biens.

Dépourvu de toute personnalité, le fils n'avait sous sa main ni ses enfants, ni son épouse, car, suivant les termes des jurisconsultes, il fallait être maître de soi pour avoir quelque puissance sur les autres : « In sua potestate non videtur habere qui « non est suæ potestatis. » (Ulp. *Dig.* XLVIII.)

Le père de famille avait droit de vie et de mort sur ses enfants ; il pouvait les vendre, les donner, les livrer en gage, ou les faire sortir de la famille par l'émancipation.

La femme passait dans la famille de son mari au rang de fille de celui-ci, *loco filiæ*, de sœur de ses propres enfants.

Sans doute le droit prétorien, les enseignements de la philosophie, les doctrines du christianisme modifièrent profondément les excès de ce droit primitif. Tant que dura l'Empire, le fils de famille, la femme, la mère elle-même, n'en restèrent pas moins avec une individualité fort incomplète.

Justinien abrogea cet ordre de choses en constituant la famille sur les liens du sang.

Mais, plus de quarante ans avant Justinien[1] (les livres l'oublient trop), Gondebaud avait organisé, dans les Gaules, la famille selon l'ordre de la nature, soit qu'il suivît les traditions de la Germanie, soit qu'il s'inspirât du christianisme.

Chez les Germains, la famille reposait uniquement sur le mariage. Elle était fondée sur la communauté d'origine. Sa constitution, ses obligations et ses droits dérivaient de la nature seule.

Au lieu d'être composée, comme à Rome, exclusivement des parents du côté du père, elle comprenait tous les parents des deux lignes paternelle et maternelle.

Il en était de même chez les Burgondes. Le code de Gondebaud l'atteste dans les devoirs qu'il trace aux proches, *proximis,* ou les droits qu'il crée en leur faveur.

L'importance que les Burgondes attachaient à l'institution de la famille du sang fut si grande, que, malgré la personnalité des lois, dont les premiers ils proclamèrent le principe, ils imposèrent cette institution aux Gallo-Romains eux-mêmes. Nous en avons le témoignage dans le titre X de la *Lex romana Burgundionum,* où les compilateurs, empruntant le texte de Gaïus qui mentionne la succession des *Gentiles,* ont substitué à ceux-ci les *cognati* ou parents maternels[2]; en sorte que, même chez les Gallo-Romains,

---

[1] La novelle CXVIII, de Justinien, établissant l'ordre des successions suivant les liens du sang, est de l'an 544, trois ans après le consulat de Basilius. — Les quarante-cinq premiers titres de la loi Gombette (le premier excepté) ont été réunis et codifiés sous le consulat d'Avienus, en l'an 501.

[2] Voir le titre X de la *Lex romana Burgundionum.* — Voir aussi Benech, *Recueil de l'Académie de législation de Toulouse,* 1854, t. III, p. 167;—Laferrière, *Histoire du droit français,* in-8°, Paris, 1852, t. II, p. 509; — Kœnigswarter, *Histoire de la famille en France,* in-8°, Paris, 1851, p. 114.

les parents maternels appelés à succéder par l'édit seul du préteur héritèrent, à partir de la domination des Burgondes, directement en vertu de la loi.

Le principe constitutif de la famille, uni aux idées d'indépendance et de liberté individuelles, si largement développées dans la Germanie, imprimait à la puissance paternelle et à la puissance maritale un caractère pleinement opposé à celui de ces deux institutions dans la société romaine, où l'aristocratie de la cité courbait tout sous son absolutisme.

§ 2. Mariage.

« Les Germains, dit Tacite, sont presque les seuls de tous les « Barbares qui se contentent d'une seule épouse. . . . . « L'épouse n'apporte point de dot au mari, c'est l'époux qui en apporte une à sa femme. Les parents et les plus proches assistent « à l'union ; ils approuvent les présents. (*Dotem non uxor marito ; « sed uxori maritus offert. Intersunt parentes et propinqui ac munera « probant. . . . .*) Ces présents sont des bœufs, un cheval avec son « frein, un bouclier, une framée, un glaive. Avec ces présents un « époux est accepté, et l'épouse, à son tour, offre quelques armes « à son mari. Tels sont les garants sacrés et mystérieux de leur « union ; tels sont leurs dieux d'hyménée. » (*Germ.* XVIII.)

La loi Gombette nous offre pour ainsi dire l'application légale des usages dont parle Tacite.

Le principe de la monogamie y est tellement consacré qu'il y a peine de mort contre celui qui, engagé dans les liens d'un mariage, contracterait une union nouvelle. (Tit. LII.) — L'époux donne aux parents de la femme un prix nommé, par la loi, *wittemon*[1], et à la femme elle-même un présent appelé *morgengab*[2].

---

[1] *Lex Burgundionum,* tit. LXVI, 1 ; LXIX, 1 ; LXXXVI, 1 ; — Add. I, tit. XIV, 1.

[2] Tit. XLII, 2. Nous adoptons le mot *morgengab,* que l'usage paraît avoir consacré, d'après Muratori, sur les articles 201 et 202 de la loi des Lombards. (*Ant. Ital.* Dissert. XX.) Les éditions imprimées de la loi Gombette portent, d'après quelques manuscrits, *morgengaba.* Le manuscrit 4417 de la Bibliothèque impériale porte *morgine gyba;* le manuscrit 4636, *morgengebanic;* le manus-

D'après le titre LXVI de la loi Gombette, le WITTEMON (*pretium uxoris*[1]) était payé au père, puis aux frères., à la mère, aux sœurs, à l'oncle paternel, et aux plus proches parents. Suivant le titre LXIX, le wittemon appartenait aux parents du premier mari en cas de secondes noces; en cas de troisièmes noces, il devait profiter à la femme elle-même[2].

Si le père avait demandé que le wittemon ne fût pas réclamé, cette demande ne devait pas être accueillie; le plus proche parent

crit 65 du Suppl. latin, *morgingiva;* le manuscrit 215 du Suppl. latin, *morgingiva;* enfin le manuscrit 75 du Suppl. latin et le manuscrit du Vatican, reg. 1128, *morgangiba.*

Le *morgengab* est mentionné par la loi des Ripuaires, XXXVIII, 3; par la loi des Lombards, articles 101 et 233; par la loi des Saxons (voir Ædelb. 84; Henri, 70, 22); enfin par le traité d'Andelot, de l'an 588, par lequel Galsuinte obtint, en venant en France, les villes de Bordeaux, Limoges, Cahors et Tarbes, soit à titre de dot, soit à titre de morgengab, c'est-à-dire de don du matin : «tam in dote quam in morganigiba, hoc est matutinali dono.» (Voir Grégoire de Tours, IX, 20.)

La loi Salique nomme *Reipus* le prix dû aux parents de la femme. (Voir l'article 2 du titre LVI.)

[1] Tit. XIV, 3; XXXIV, 2.

«On croit généralement, dit Matile, voir dans le mot *wittemon* un composé de «*mundium* et de *gift,* dot, parce que le mari était censé acheter des parents de sa «femme l'autorité qu'il allait exercer sur elle.» (*Études sur la loi Gombette,* in-4°, Turin, 1847, p. 50.)

Le wittemon n'est point dot, comme l'ont avancé Lindenbrog, Spelman, Ducange et Ganz. Ce dernier, le confondant avec le morgengab, en fait «un témoi-«gnage d'amour conjugal.»

[2] Tit. LXVI. *De Puellis, quæ sine patribus et matribus ad maritum traduntur.* —«I. Puella quæ marito traditur patrem et fratrem non habens, nisi patruum «et sorores, de wittemon tertiam partem patruus accipiat, et alteram tertiam «sorores sibi noverint vindicandam.

«II. Si vero puella sine patre maritum accepit fratres non habens, placuit ut «de wittemon tertiam partem mater accipiat, et alteram tertiam proximiores «parentes.

«III. Si mater non fuerit, tertiam illam sorores accipiant.»

Tit. LXIX. *De Wittemon.* — «I. Mulier quæ ad secundas nuptias traditur, «wittemon ejus a prioribus mariti parentibus vindicetur.

«II. Si vero tertium maritum accipere deliberat, wittemon quod maritus de-«derit, mulieri proficiat.»

devait le recevoir; mais de telle sorte que la fille eût un tiers de sou d'or pour ses ornements[1]. (Tit. LXXXVI, 2 et 3.)

Le wittemon variait selon la condition des personnes.

Suivant l'article 1er du titre XIV du premier Supplément de la loi Gombette, tout Burgonde, optimate ou de classe médiocre[2], qui s'était uni avec une fille sans le consentement du père de celle-ci, *sine ordinatione patris cum alicujus filia se copulaverit,* était tenu, par une triple composition, de payer 150 sous d'or au père dont il avait épousé la fille, outre une amende de 36 sous d'or. Et si un leude[3] en avait agi de même, il devait payer une composition triple, qui, pour lui, était de 45 sous d'or, outre une amende de 12 sous. (Art. 2.)

Ne peut-on pas inférer de cette loi que le wittemon *simple,*

---

[1] Tit. LXXXVI. *De Mala hæreda.* — «II. De wittemon vero si demandaverit «pater ut non quæratur, demandatio ejus non valeat, sed sicut lex alia expressit, «proximus parens accipiat.

«III. Ita ut de eo quod acceperit, tertium solidum in ornamentis puella «accipiat.»

Matile, dans ses *Études sur la loi Gombette,* p. 50, explique ainsi les articles 2 et 3 du titre LXXXVI : «Le père ne devait pas faire, à l'égard du wittemon, des «prétentions trop élevées, car autrement il en était forclos, et le prix passait «alors aux plus proches parents, de telle sorte toutefois que la fille en eût un «tiers pour ses ornements.» Nous croyons que les termes de l'article 2 ne permettent pas d'adopter cette version.

Il est regrettable que l'on ne possède ni l'*alia lex* sur le wittemon dont parle l'article 2 du titre LXXXVI, ni la *prior lex* sur le morgengab, dont parle l'article 2 du titre LII. Ces deux lois éclaireraient le sens, aujourd'hui difficile à déterminer, des expressions *pretium nuptiale* (tit. XII, 3; LII, LXI), et *pretium de nuptiis* (tit. XLII, 2).

[2] Les Burgondes reconnaissaient trois classes de citoyens libres : les *optimates* ou nobles, les ingénus de médiocre condition et les ingénus de condition mineure. Cela résulte des termes de l'article 2 du titre II de la loi Gombette, au sujet de la composition due par celui qui, poussé par des violences, a tué une personne. On y lit : «Si *optimatem nobilem* occiderit, in medietatem pretii CL «sol. si aliquem in populo nostro *mediocrem,* pretii C; pro *minore persona* LXXV «solidis præcipimus numerare.»

[3] Le leude était un homme libre, de condition mineure, ou peut-être aussi l'affranchi qui s'était attaché à un homme d'une condition plus élevée en se dévouant à lui. Plus tard, il reçut le nom de *fidèle.*

c'est-à-dire le wittemon ordinaire, dû aux parents de la femme, était de 5o sous d'or quand le mari appartenait à la classe des *optimates* ou des *mediocres,* et de 15 sous d'or quand il appartenait à la classe des *minores,* ou tout au moins quand c'était un leude?

Lorsqu'une femme ayant perdu son mari, *post mariti prioris obitum, in sua potestate consistens,* s'était, de sa pleine volonté et du consentement de ses parents, promise à quelqu'un, et qu'elle avait reçu de son fiancé, *sponso,* une partie du wittemon appelé alors *pretium nuptiale* [1], le mariage était formé, et elle ne

[1] Lorsque le wittemon devait profiter à la femme, ce qui avait lieu en cas de troisièmes noces, aux termes de l'article 2 du titre LXIX de la loi Gombette, il prenait le nom de *pretium nuptiale.* Il est fort probable que le *pretium nuptiale* était moins élevé que le *pretium uxoris,* payé aux parents de la jeune fille. L'*alia lex,* qui ne nous est pas parvenue, expliquait sans doute la différence. La loi Gombette n'attribue pas absolument le même sens aux expressions *pretium nuptiale* et *pretium uxoris.* Lorsqu'on étudie bien cette loi, on voit combien chaque mot y a sa signification légale.

Il paraît résulter de divers textes de la loi Gombette qu'un Burgonde pouvait épouser une femme veuve, *mulier* (tit. XIII du 1er Suppl.), ou une jeune fille, *puella* (tit. XIV du 1er Suppl.), même une jeune fille romaine, *puella romana* (tit. XII, art. 5), avec le seul consentement de la femme ou de la fille, sans celui des parents. Mais alors différentes conséquences ressortaient de ces unions :

1° Le mari pouvait disposer des biens de la femme, *mulier,* comme des siens propres (1er Suppl. tit. XIII);

2° Le mari qui avait épousé une jeune fille, *puella,* sans le consentement des parents, devait leur payer un triple wittemon, outre une amende (1er Suppl. tit. XIV);

3° La jeune fille romaine, *puella romana,* qui, sans le consentement de ses parents, avait épousé un Burgonde, perdait tout droit à leur succession (tit. XII, art. 5). Comme les parents romains ne pouvaient rien réclamer à titre de wittemon, la peine portait contre la fille, qui se trouvait privée de la succession de ceux dont elle aurait dû réclamer le consentement à son union.

Par la loi des Wisigoths, la fille qui s'était livrée à un mari à l'insu et sans l'aveu de ses parents ne devait pas entrer en partage de la succession paternelle avec ses frères. (L. III, t. II, l. 8, et t. IV, l. 7.)

Le *connubium* était interdit, par la loi des Wisigoths, entre Wisigoths et Romains. (*Antiqua,* L. III, titre I, 1.)

Il semble résulter de l'article 5 du titre XII de la loi Gombette qu'une telle interdiction n'existait pas entre Burgondes et Romains, puisque cet article se

pouvait plus passer à une autre union sans encourir la peine capitale. (Tit. LII.)

Si une femme mariée venait à mourir sans laisser de fils, le mari survivant ne pouvait réclamer, des parents de celle-ci, le prix de mariage, *uxoris pretium, quod pro illa datum fuerit non requirat.* (Tit. XIV, 3.)

Le droit au wittemon était tellement consacré, par la loi Gombette, en faveur de la famille de la femme, que, si une jeune fille, *puella,* dans un enlèvement, avait perdu sa virginité, le ravisseur devait payer aux parents six fois le prix : « Sexies *puellæ* « *pretium* raptor exsolvat. » (Tit. XII, 1.) — Si la jeune fille avait de son propre mouvement, *sua sponte,* suivi un homme, ce dernier devait payer le triple prix nuptial, *nuptiale pretium in triplum solvat.* (Tit. XII, 3.) — Lorsqu'une femme de nation barbare vivait dans une union illégitime avec un homme, les parents de cette femme pouvaient exiger de celui-ci le prix nuptial simple. « Quæcumque *mulier* natione barbara ad viri coïtum spontanea « voluntate forte convenerit, *nuptiale pretium* in simplum tantum « ejus parentibus dissolvatur, etc. » (Tit. LXI.)

Le wittemon burgonde, de même que l'ancienne coemption de Rome, rappelle le mariage de ces temps primitifs, où la femme, sans être consultée, devenait, par achat, la propriété du mari.

Mais dans les mœurs d'outre-Rhin, où le consentement de la

---

borne à priver la fille romaine qui s'allie à un Burgonde sans l'aveu de ses parents de la succession de ceux-ci. Cependant l'un des manuscrits de cette loi, n° 215 du Supplément latin de la Bibliothèque impériale, renferme une loi inédite interdisant formellement le mariage entre les Burgondes et les Romains. Cette loi, portant pour titre, *De nuptiis gentilium,* est ainsi conçue : « Ut nullus « Romanorum Barbaram et Barbarus Romanam ducat uxorem; quod si fecerint, « gladio puniantur. » Cette disposition, qu'on ne trouve que dans ce seul manuscrit, ne serait-elle pas une interpolation ?

La loi Gombette ne s'explique pas sur les empêchements de mariage; ils étaient probablement réglés par l'une des lois qui ne nous sont pas parvenues. On peut d'autant mieux le présumer que le titre XXXVI, outre le *pretium* à payer au plus proche parent, frappe d'une amende le coupable surpris en adultère avec sa parente, ou avec la sœur de sa femme, *cum parente sua vel uxoris suæ sorore.*

femme au mariage était la première loi du contrat, le wittemon
était le prix du *mundium* germanique, c'est-à-dire du droit de garde
et de protection qui, du père, passait à l'époux.

Le MORGENGAB était le don du matin que l'époux offrait à la
mariée le lendemain de ses noces [1]. La loi Gombette ne le mentionne qu'une seule fois sous sa dénomination propre (tit. XLII, 2);
elle l'appelle aussi *donatio nuptialis* (tit. XXIV, 1, 2), et *dos*
(tit. LII, 2).

La femme avait la jouissance du morgengab; elle la conservait
en cas de nouvelle union en secondes et même. en troisièmes
noces (tit. XXIV, 1; XLII, 2). La propriété passait à ses fils
(tit. XXIV, 1; LXII, 2); elle devait être partagée entre ses parents et ceux du mari donateur, si la femme n'avait pas de fils
(tit. XXIV, 2).

Le morgengab se transforma en cette donation que, dans le
langage du moyen âge, l'on nommait tantôt don de virginité ou
de beauté, tantôt don de couverture ou don du matin, et don du
soir, quand la mariée était une veuve. Il devint le douaire coutumier.

Le morgengab et le wittemon de la loi Gombette témoignent
que, chez les Burgondes établis dans les Gaules au vi° siècle, régnait l'antique usage de la Germanie, par lequel le mari apportait
une dot à la femme; usage qu'on retrouve également dans plusieurs
autres lois barbares. Ainsi, d'après la loi des Wisigoths, le futur
demandait le consentement des parents de la jeune fille en offrant
une dot, qui ne devait pas dépasser le dixième de la fortune du
prétendant [2]; et la loi des Ripuaires accordait même 50 sous de
dot à la femme survivante, si rien ne lui avait été apporté par

---

[1] Aux mots *morganegiba*, *morgingab*, Ducange s'exprime ainsi: «Dos a marito
«profecta, *donum matutinale dotis* vero nomine donatur, licet revera aliud sit dote.
«Glossarium saxonicum Ælfrici : *Dos*, morgen-gifa, vox formata ex saxonico et
«germanico morgen, aut morghen, *mane*, et gife, aut gift, *donum*, *munus*, quod
«ita appellarent donum illud quod maritus uxori offerebat in die nuptiarum.»

[2] *L. Wisig.* III, 11, 8; et Addit. III, 1, 51.

écrit[1]. La loi des Saxons, rédigée sous Charlemagne vers l'an 804, s'explique en ces termes expressifs : *Uxorem ducturus, trecentos solidos det parentibus ejus* [2].

M. Troplong n'a pas été inspiré par sa science accoutumée lorsqu'il a dit : « Tacite croit que le mari (chez les Germains) donne « une dot à l'épouse. Ces mots *uxori maritus offert*, tout à fait im- « propres pour le temps où vivait l'illustre historien, prouvent qu'il « n'a pas une véritable intelligence de ce qu'il raconte [3]. »

Tacite, non moins remarquable par la vérité de l'expression que par la force de la pensée, n'a avancé qu'une chose parfaite- ment exacte et que viennent confirmer les lois postérieures des peuples germains.

§ 3. Autorité paternelle. — Majorité.

Le mariage, comme fondement de la famille chez les Burgondes, produisait l'autorité paternelle.

La puissance paternelle était une tutelle que le père conservait sur les enfants jusqu'à leur émancipation par la majorité.

L'autorité du père était un *mundium*[4] ou protection. Le *mun- dium*, institution toute germanique, consistait dans la garde, par le chef de famille, de tous les membres de la parenté trop faibles pour se soutenir eux-mêmes.

D'après la loi burgonde, le *mundium* appartenait au père sur

---

[1] *L. Rip.* XXXVII, 2. *De Dotibus mulierum.* La loi Ripuaire nomme *dot* les 5o sous que la veuve recevra sur la succession de son mari, *L solidos in dotem recipiat,* dans le cas où celui-ci ne lui aurait rien constitué par son contrat de mariage.

[2] *Vetus lex Saxonum,* édit. Du Tillet, art. 36.—Canciani, tit. VI, *De Conjugiis,* t. III, p. 49.

[3] Troplong, *Contrat de mariage,* in-8°, Paris, 185o. Préface, p. cii.

[4] Au mot *mundium,* on lit dans Ducange : «*mundium,* mundio, ex saxon. « mund, pax, securitas, protectio, tutela, tuitio, patrocinium, defensio, mun- « dare, tueri, protegere.......

«De *mundio* puellarum agitur in Lege Longob. l. I, tit. IX, § 12, 113; « tit. XXX, § 11; l. II, tit. II, § 11, 20.

«Vir autem uxoris *mundium* ab ejus parente *acquirere* dicitur in Lege Alem. « tit. LIV. »

tous ses enfants mineurs et sur ses filles non mariées, même après
la majorité de celles-ci; à défaut du père, au frère; puis à l'oncle
paternel; enfin aux plus proches parents mâles, dans l'ordre des
successions. (Tit. LXVI, 1, 2, 3.)

Dans les mœurs germaniques, l'autorité du père se distin-
guait de la puissance paternelle de Rome autant que la tutelle
se distingue de la puissance absolue. Cette autorité n'était
qu'une protection et ne durait que tant que la protection était
nécessaire.

A quinze ans, aux termes de la loi burgonde, le fils de famille
avait atteint son *œtas perfecta;* il devenait majeur, *sui juris.* Il
avait le droit, suivant l'article 1er du titre LXXXVII de cette loi,
d'affranchir un esclave, de vendre, de faire des donations. On
considérait qu'il pouvait porter les armes, tendre son arc et faire
partie du conseil public de la nation.

Tacite nous apprend que, chez les Germains, le jeune homme
entrait dans la vie civile par l'investiture du bouclier et de la
framée, qui lui étaient donnés, dans l'assemblée nationale, par
l'un des chefs, ou par son père, ou par un parent. (*Germ.* XIII.)

Et, au VIe siècle, Théodoric le Grand disait : «Les aigles
« cessent de donner de la nourriture à leurs petits sitôt que leurs
« plumes et leurs ongles sont formés. Ceux-ci n'ont plus besoin
« du secours d'autrui quand ils vont eux-mêmes chercher leur
« proie. Il serait indigne que ces jeunes gens, qui sont dans nos
« armées, fussent censés être dans un âge trop faible pour régler
« leur bien et pour régler la conduite de leur vie. C'est la vertu
« qui fait la majorité chez les Goths [1]. »

Les principes de l'autorité paternelle sous le droit germanique
et burgonde, sauf la majorité, que nous avons portée à vingt et un
ans, sont les mêmes que ceux qui nous régissent aujourd'hui dans
notre droit français. Un homme trop tôt enlevé à la science, Klimrath, en avait déjà fait la remarque. « La puissance paternelle
« dans nos lois, disait-il, est bien moins un droit du père qu'une
« sorte particulière de tutelle, fondée, comme toutes les autres,

---

[1] Cassiodore, liv. I, lettr. 28. — Voir Montesquieu, *Esprit des lois* (XVIII, 26).

« sur l'intérêt de l'enfant et confiée à ceux que la nature et l'affec-
« tion semblent indiquer comme les protecteurs les plus sûrs et
« les plus zélés de l'être auquel ils ont donné le jour. Notre code
« civil a adopté le principe de la garde ou mainbournie (*mundium*),
« né des mœurs germaniques, suivi par le droit coutumier, et qui
« règle les rapports de famille sur le besoin de protection du faible
« et sur la garantie que donnent l'affection et la tendresse des pa-
« rents [1]. »

§ 4. Autorité maritale.

A Rome, à part la juridiction de l'époux sur l'épouse pour cer-
taines fautes [2], il n'y avait point de puissance maritale proprement
dite. Dans le mariage de la *manus*, la femme était, personne et
biens, sous la puissance absolue du chef de la famille du mari.
Dans le mariage *libre*, elle restait sous le pouvoir de sa propre
famille, et avait seule l'administration et la jouissance de ses biens,
la dot exceptée [3].

En Germanie, l'autorité maritale existait ; elle se manifestait
par une simple tutelle du mari. Le mari, tuteur (*mundualdus*), dé-
fendait et représentait l'épouse dans ses intérêts.

Tacite proclame le respect dont les Germains entouraient la
femme. « Ils lui accordaient, dit-il, quelque chose de saint et de
« prévoyant, et ne négligeaient ni ses conseils, ni ses inspirations. »
Inesse quin etiam sanctum aliquid et providum putant, nec autem con-
silia eorum aspernantur aut responsa negligunt. (*Germ.* VIII.)

L'épouse était l'associée de son mari ; elle partageait avec lui les
travaux et les périls, *laborum periculorumque sociam.* (*Germ.* XVIII.)

Et combien, chez les Germains qui vinrent se fixer dans les
Gaules au ve siècle, ces idées ne durent-elles pas se fortifier sous

[1] Klimrath, *Travaux sur l'histoire du droit français*, in-8°; Paris, 1843, t. I,
p. 52.

[2] Voir Aulu-Gelle, *Nuits attiq.* X, 23; Suétone, *Tibère*, chap. xxxv; Montesquieu, *Espr. des lois*, VII, 10 et 11.

[3] Laboulaye, *Condition des femmes*, p. 15 et 23; Laferrière, *Histoire du droit*
français, t. I, p. 215 et suiv.

l'influence du christianisme, qui envisagea toujours l'union con-
jugale comme une société. *Societas nuptiarum*, disait le pape saint
Léon [1].

Le code burgonde contient la première loi écrite du droit germanique qui fasse mention de la puissance maritale. Elle est
ainsi conçue : « A l'égard de toute femme burgonde ou romaine
« (*quæcumque mulier burgundia vel romana*) qui se sera mariée de
« sa seule volonté (*voluntate sua*) nous ordonnons que le mari
« auquel elle se sera donnée aura pouvoir sur ses facultés comme
« sur sa personne. Il disposera de ses biens comme des siens
« propres [2]. »

Cette loi concerne non la fille, *puella*, mais la femme, *mulier*,
qui se mariait sans être obligée de demander à ses parents un
consentement qu'elle avait obtenu une première fois [3]. Alors l'é-
pouse livrait au mari la pleine disposition de ses biens [4].

Hors ce cas exceptionnel, le mari n'avait que l'administration
des choses propres de sa femme, *res uxoriæ*; il ne lui était pas permis de les engager (1er Suppl. tit. IX) [5]. Pareillement, d'après les
coutumes salique, allemande et lombarde, le mari ne pouvait
disposer seul des biens de l'épouse. C'est que, dans les usages germaniques, le mari était le protecteur et non le propriétaire de sa
femme, compagne de ses travaux et son associée. Ces idées des

---

[1] Voir Laboulaye, *Recherches sur la condition civile et politique des femmes*, in-8° ;
Paris, 1843, p. 141.

[2] Tit. XIII du 1er Suppl. *De Mulieribus quæ se voluntate sua ad maritos tra-
dunt.* « Quæcumque mulier burgundia vel romana voluntate sua ad maritum
« ambulaverit, jubemus ut maritus ipse facultates ipsius mulieris, sicut in eam
« habet potestatem, ita ut de rebus suis habeat. »

[3] En parlant d'Aunegildis, qui, après la mort d'un précédent mari, avait reçu
de Fredegesildus, une partie du *pretium nuptiale*, le titre LII dit : *in sua potestate
consistens.* On voit par les articles 1 et 2 du titre LXIX, que les parents de la
veuve burgonde qui se remariait ne recevaient pas le wittemon; il était payé
aux parents du premier mari en cas de secondes noces, et profitait à la femme
elle-même en cas de troisièmes noces.

[4] Voir Ginoulhiac, *Histoire du régime dotal et de la communauté en France*, in-8° ;
Paris, 1843, p. 218.

[5] Voir Matile, *Études sur la loi Gombette*, p. 51.

Germains ont traversé les siècles jusqu'à nous[1]. « C'est de là,
« remarque M. Troplong, que découle notre système de la puis-
« sance maritale, qui tient compte du droit de la femme, de sa per-
« sonnalité, et que Beaumanoir représente comme un droit de
« mainbournissières, de protection[2]. »

La faveur dont le droit burgonde entourait la femme se rencontre surtout dans la tutelle légale, qu'il déférait à la mère.

§ 5. Tutelle légale de la mère.

Entre toutes les lois barbares, celle des Burgondes (tit. LIX et
LXXXVI) et celle des Wisigoths (tit. IV, 2; I, 13) sont les seules
qui confèrent à la mère le droit d'être tutrice de ses enfants
mineurs, tant qu'elle ne passait pas à d'autres noces. La mère
gallo-romaine fut investie du même droit par la *Lex romana Burgundionum* (tit. XXXVI).

Quelques auteurs, entre lesquels MM. Pardessus[3] et Laboulaye[4], attribuent à la tutelle légale de la mère une origine germanique. Il paraît plus rationnel d'y voir l'influence du christianisme, d'autant que cette institution ne fut pas limitée aux pays
coutumiers, héritiers des usages des Germains, mais s'étendit
encore au midi de la France.

La tutelle légale de la mère est l'un des points sur lesquels le
droit burgonde se distingue le plus de la législation de Rome, où
la mère ne pouvait être tutrice qu'en vertu d'un rescrit du prince[5].

Cette institution, passée dans toutes les législations modernes,
est assurément l'une des plus caractéristiques dans le développe-

---

[1] Voir Laboulaye, *Recherches sur la condition civile et politique des femmes,*
p. 142.

[2] Troplong, *Contrat de mariage;* préface, p. cxv.

[3] *Loi Salique,* in-4°; Paris, 1843, p. 454.

[4] *Recherches sur la condition civile et politique des femmes,* p. 167.

[5] Neratius, l. XVIII, D. *De Tut.* — Papin, l. XXVI, D. *De Test. tut.* En vertu de la
loi Théodosienne, la mère qui promettait solennellement de ne pas se remarier
pouvait réclamer la tutelle de ses enfants, mais seulement à défaut de tuteur
testamentaire ou légitime. (*Cod. Theod.* III, 17.) Justinien a introduit la tutelle
légale de la mère par la novelle CXVIII, qui n'a été publiée qu'en l'an 544,
bien après la *Lex romana Burgundionum* et la loi Gombette.

ment successif des droits et de l'émancipation de la femme. C'est un honneur pour les Burgondes et pour les Wisigoths d'avoir, les premiers, inscrit dans leurs lois ce principe fondé sur la nature et sur la raison.

§ 6. Solidarité de la famille [1].

La loi Gombette, plus qu'aucune autre loi barbare, fournit un exemple de la solidarité qui, dans les usages germaniques, re-

[1] Nous n'envisageons la famille que relativement à la parenté, et non dans le sens étendu de ce mot lorsqu'il désigne toutes les personnes placées sous la dépendance d'un chef de la famille. Sous ce dernier rapport, et par ce nom générique, chez les Burgondes, de même que chez tous les Germains, la famille comprenait,

1° Le père, avec sa femme et ses enfants;

2° Les personnes de condition libre dévouées au service du chef de famille, telles que le leude mentionné à l'article 2 du titre XIV du second Supplément de la loi Gombette;

3° Les affranchis qui, n'ayant pas payé les douze sous d'or dus, suivant l'usage, pour aller et venir (*licentiam quo voluerit discedendi*), continuaient à compter dans la famille : *necesse est in domini familiæ censeantur* (tit. LVII);

4° Les esclaves (tit. IV, X, XXI);

5° Les colons.—La loi Gombette nomme *originarii* ceux qui étaient attachés à la terre qu'ils cultivaient (tit. VII, XXI, 1); dans la loi IV, au Code Justinien, *De Agricolis,* ces colons sont appelés *coloni originales.*

Lorsqu'un esclave ou un colon était accusé d'un crime, le maître n'était pas tenu de prêter serment; mais, dès que l'accusation était admise, il devait consigner la valeur de l'esclave ou du colon, ou un esclave (*mancipium*) de même valeur (tit. VII). Si un esclave, à l'insu de son maître, tuait une personne libre, le maître n'était pas responsable (tit. II, 3); ce fait tombait sous la vindicte publique, qui le punissait de mort. Le maître n'était pas responsable des vols commis par son esclave qui avait pris la fuite (tit. XX, 1, 2); mais il répondait du divertissement des matières premières confiées à celui-ci pour exécuter un ouvrage (tit. XXI, 2).

Suivant la version de Ducange, au mot *Fara,* adoptée par MM. Gaupp et Matile, les *faramini* de la loi Gombette (tit. LIV, 2 et 3) étaient les chefs de familles burgondes. « Faramanni, dit Ducange, porro apud Burgundos inde nominatum «principem stirpis. » On lit dans la loi des Lombards (*Rotharis,* I, 177) : « Si quis «liber homo migrare voluerit aliquo, potestatem habeat intra dominium regni «nostri cum *fara* sua migrare quo voluerit. »

Les Burgondes ont laissé en divers lieux le nom de *Faramans,* notamment à une commune de l'arrondissement de Trévoux.

liait et obligeait les parents par des devoirs communs et réci-
proques.

On sait avec quelle rigueur, dans la société antique, régnait le
principe de la solidarité de famille : on poursuivait le crime jusque
dans les générations les plus reculées.

Dans la Germanie, ce principe avait un caractère particulier :
l'injure commise par un seul devenait le fait de tous ; l'injure
reçue par un seul était faite à toute la parenté. La vengeance col-
lective était régulièrement organisée ; elle s'exerçait à force ouverte
et formait primitivement le droit commun.

A cet état de choses succéda un système de composition entre
les familles. « On est tenu, dit Tacite, d'embrasser les haines aussi
« bien que les amitiés d'un père ou d'un parent. Du reste, les haines
« ne sont point implacables. On rachète même l'homicide par une
« certaine quantité de gros et de menu bétail ; et la satisfaction est
« aussi acceptée par la famille tout entière : usage utile au bien
« public, parce que les inimitiés seraient d'autant plus dange-
« reuses qu'on a plus de liberté. » (*Germ.* XXI.)

Progrès sensible pour l'apaisement des familles et pour la tran-
quillité générale, la conciliation, au moyen des *compositions*,
constituant un traité de paix jurée, remplaçait la vengeance des
parents.

Dans la Germanie, en dehors des faits qui pouvaient être dé-
férés à l'assemblée générale du pays [1], il n'y avait point d'inter-
vention sociale, même pour les crimes les plus graves dont la
répression intéressait la société entière.

Ces mêmes principes se retrouvent dans la loi Salique ; elle
prévoit les homicides les plus odieux (tit. XLIII), ne pouvant
donner lieu qu'à une accusation privée, et dont le magistrat

---

[1] Tacite apprend qu'en certains cas l'on pouvait accuser devant l'assemblée
générale de la nation. « Les traîtres et les transfuges, dit-il, sont pendus à des
« arbres ; les lâches et ceux qui, pour échapper à la guerre, se déshonoraient en se
« mutilant, sont plongés dans la fange d'un bourbier. » (*Germ.* XII.) — « Il paraît,
« dit Montesquieu, que les Germains ne connaissaient que deux crimes capitaux ;
« ils pendaient les traîtres et noyaient les poltrons : c'étaient, chez eux, les seuls
« crimes qui fussent publics. » (*Esprit des lois*, XXX, 19.)

n'avait pas le droit d'empêcher la pacification par composition.

Lorsque les Burgondes s'établirent dans les Gaules, ils introduisirent un changement radical à ces coutumes d'outre-Rhin, en substituant au système de vengeance privée un système de vindicte publique à l'égard des crimes qui compromettaient la sécurité générale.

Ainsi la loi Gombette, instituant une poursuite d'office au nom de la société, édicta la peine de mort contre quiconque aurait tué une personne libre, de quelque nation qu'elle fût, ou tué un esclave du roi[1]; et contre les voleurs de chevaux, de bœufs et de vaches[2]. (Tit. IV, 1 ; XLVII, 1 ; LXXXIX.)

Le législateur des Burgondes comprit qu'une telle sévérité était devenue indispensable pour réprimer le brigandage excité par le désordre des temps et par les richesses de la Gaule. En cela ce législateur devança de près d'un siècle les Francs, qui établirent la même peine pour les mêmes crimes, par le décret de Childebert de l'an 595.

La solidarité de la famille cessa dès lors d'exister, chez les Burgondes, pour les crimes poursuivis au nom du pouvoir public. Le coupable était seul responsable de sa faute et pouvait seul être recherché. La loi Gombette s'en explique en ces termes positifs :

---

[1] Tit. II. *De Homicidiis.* « Si quis hominem ingenuum ex populo nostro cujus- « libet nationis, aut servum regis natione duntaxat Barbarum, occidere damna- « bili ausu aut temeritate præsumpserit, non aliter admissum crimen, quam san- « guinis sui effusione componat. »

[2] La sévérité déployée à l'égard du vol des chevaux, des bœufs et des vaches, témoigne combien ces animaux étaient précieux pour l'agriculture, et combien l'État apportait de soin à en protéger la propriété. Une première loi prononce la peine de mort contre le vol de chevaux, bœufs ou vaches (tit. IV, 1); une seconde loi porte que la femme et les fils, âgés de plus de dix ans, de celui qui aura commis un vol de chevaux et de bœufs, après la condamnation à mort de celui-ci, seront soumis à l'esclavage, s'ils n'ont pas dénoncé le vol (tit. XLVI, 1, 2, 3). Enfin une autre loi déclare que les biens de celui qui aura volé des chevaux seront confisqués, après qu'il aura subi la peine afflictive encourue pour ce vol (tit. XCIX). Sans doute ces sortes de vols étaient fréquents et devenaient la cause de grands désordres; ce qui porta le législateur, pour les prévenir, à les frapper d'une extrême rigueur.

« Nous voulons qu'il soit à la parfaite connaissance de tous qu'il
« n'est pas permis aux parents d'une personne qui a été tuée de
« poursuivre, à raison de sa mort, si ce n'est contre le meurtrier ;
« parce que, comme nous ordonnons que le coupable soit éteint
« (mis à mort), nous ne voulons pas qu'un innocent puisse être
« molesté à raison de celui-ci [1]. »

La solidarité entre parents se réduisit aux offenses d'un ordre se-
condaire, ressortissant de la justice pénale. A raison de ces offenses,
la famille burgonde continua à former une association juridique,
dans laquelle tous les parents successibles se devaient une défense
mutuelle par le conseil, par le serment, par les armes.

« Chacun de ceux qui faisaient partie de la famille germaine,
« dit Lehuërou, répondait de tous les autres dans toutes les cir-
« constances (autres que celles où le pouvoir public poursuivait
« lui-même), et nul ne pouvait ester en justice sans que toute sa
« parenté y parût avec lui. Ainsi, lorsque le serment était déféré
« aux parties, c'était dans la famille que les *conjuratores* avaient
« été choisis de préférence ; de telle sorte que les plus proches
« étaient aussi les premiers en ligne. C'est ce que nous pouvons
« conclure d'une disposition curieuse de la loi des Burgondes,
« unique, il est vrai, dans son espèce, parce qu'elle est restée,
« sous ce rapport, plus près de l'antiquité que les autres codes
« barbares, mais qui n'en est pas moins la fidèle expression de ce
« qui se pratiquait généralement parmi les Germains, avant et
« après la conquête.

« Si un ingénu, porte cette loi [2], tant Romain que Barbare, est

---

[1] Tit. II. *De Homicidiis.* Art. 6 : « Hoc specialiter in hujusmodi caussa univer-
« sitas noverit observandum, ut interfecti parentes nullum nisi homicidam per-
« sequendum esse cognoscant : quia sicut criminosum jubemus extingui, ita
« nihil molestiæ sustinere patimur innocentem. »

Cette disposition est des plus propres à montrer la sage combinaison des lois
faites par les Burgondes, dans lesquelles ils étaient aidés et, le plus souvent, di-
rigés par des jurisconsultes romains. Sidoine Apollinaire dit, dans sa lettre à
Syagrius : « Tu es le nouveau Solon des Burgondes pour la discussion de leurs
« lois. *Novus Burgundionum Solon in legibus disserendis.* » (Lib. V, epist. v.)

[2] Tit. VIII. *De Objectione criminam quæ ingenuis intenduntur.* Art. 1 : « Si inge-
« nuus per suspicionem vocatur in culpam, tam Barbarus quam Romanus, sacra-

« soupçonné et accusé de quelque crime, qu'il prête serment et
« jure, avec sa femme, ses fils et douze de ses plus proches; que
« s'il n'a ni femme, ni fils, mais son père ou sa mère, que son père
« complète le nombre fixé. S'il n'a ni père, ni mère, qu'il prête ser-
« ment avec ses douze plus proches [1]. »

Le serment se prêtait dans l'église, en présence du demandeur
et de trois personnes déléguées par les juges [2].

L'accusateur pouvait, à l'entrée du lieu saint, empêcher la
prestation du serment par l'inculpé et par ses conjurateurs, en
déclarant qu'il le repoussait et qu'il en appelait au jugement de
Dieu, c'est-à-dire qu'il demandait le combat. Si, par quelque cir-
constance fortuite, *forte,* celui qui avait été admis à jurer venait
à être convaincu de culpabilité, il était condamné à payer neuf
fois la valeur de l'objet qui avait fait le sujet de l'accusation [3].

La procédure qui permettait à une personne de se purger d'une
accusation par un serment ne tarda pas à amener de nombreux

« menta præbeat, et eum cum uxore et filiis et propinquis sibi duodecim juret; si
« vero uxorem et filios non habuerit (et patrem aut matrem habuerit), cum patre
« aut matre numerum impleat designatum. Quod si nec patrem nec matrem ha-
« buerit, cum duodecim proximis impleat sacramentum. »

[1] Lehuërou, *Histoire des institutions carlovingiennes,* in-8°; Paris, 1843,
p. 61.

[2] Chez les Germains, le serment ou la conjuration s'accomplissait sur les
armes, comme on le voit par le capitulaire *extrav.* XVI *bis,* ainsi conçu :
« Propterea non est sacramentum in Francos; quando illi legem composuerunt
« non erant christiani. Propterea *in eorum dextera armis eorum* sacramenta affir-
« mabant; sed postea ad christianitatem fuerunt inversi, propterea in eorum
(episcoporum) arbitrio ad sacramenta revocaverunt, nam *non per arma eorum.* »
(Recueil de M. Pardessus, p. 335.)
Les Burgondes furent les premiers, entre les Germains, qui convertirent le
serment sur les armes en un serment prêté à l'église.

[3] Tit. VIII. Art. 2 : « Quod si ei sacramentum de manu is cui jurandum est
« tollere voluerit, antequam ecclesiam ingrediatur, illi qui sacramentum audire
« jussi sunt (quos a judicibus ternos semper ad sacramentum audiendum præci-
« pimus delegari) contestentur se nolle sacramenta percipere : et non permitta-
« tur is qui juraturus erat post hanc vocem sacramenta præstare; sed sint per
« nos illi qui deliquerunt Dei judicio committendi. Si autem permissus jura-
« verit, et post sacramentum potuerit *forte* convinci, in novigildo se noverit red-
« diturum. »

parjures. Gondebaud donna, à Lyon, le 22 mai 501, une loi
nouvelle, statuant que, lorsqu'une partie ne voudrait pas s'en
tenir aux témoignages présentés, l'un des témoins serait tenu de
se soumettre au jugement de Dieu, « parce que, dit le législateur,
« il est juste que celui qui n'a pas hésité à venir affirmer, sous la
« foi du serment, qu'il connaît la vérité d'une chose, n'hésite pas
« à la soutenir par les armes. »

Le combat ne cessait que par la mort de l'un des combattants,
et tous les témoins du côté de celui qui avait été vaincu étaient
tenus de payer une amende de trois cents sous d'or[1], représentant
une somme égale à la valeur *intrinsèque* de quatre mille cinq cents
francs de notre monnaie actuelle, et égale à la valeur *relative* de
trente mille francs[2].

[1] Tit. XLV. *De His qui objecta sibi negaverint, et præbendum obtulerint jusjuran-*
dum. « Multos in populo nostro et pervicatione causantium et cupiditatis instinctu
« ita cognoscimus depravari, ut de rebus incertis sacramenta plerumque offerre
« non dubitent, et de cognitis jugiter perjurare. Cujus sceleris consuetudinem
« submoventes, præsenti lege decernimus, ut quotiens inter homines nostros
« causa surrexerit, et is qui pulsatus fuerit, non deberi a se quod requiritur,
« aut non factum quod objicitur, sacramentorum obligatione negaverit, hac ra-
« tione litigio eorum finem oportebit imponi; ut si pars ejus cui oblatum fuerit
« jusjurandum noluerit sacramenta suscipere, sed adversarium suum veritatis
« fiducia armis dixerit posse convinci, et pars diversa non cesserit, pugnandi li-
« centia non negetur. Ita ut unus de eisdem testibus, qui ad danda convenerant
« sacramenta, Deo judicante, confligat : quoniam justum est, ut si quis veritatem
« rei incunctanter scire se dixerit, et obtulerit sacramentum, pugnare non dubitet.
« Quod si testis partis ejus quæ obtulerit sacramentum in eo certamine fuerit
« superatus, omnes testes qui se promiserant juraturos, tercenos solidos mulctæ
« nomine, absque ulla induciarum præstatione, cogantur exsolvere. Verum, si
« ille qui renuerit sacramentum fuerit interemptus, quidquid debebat, de facul-
« tatibus ejus novigildi solutione pars victoris reddatur indemnis, ut veritate
« potius quam perjuriis delectentur. *Data sub die v kal. Junii, Lugduni, Abieno*
« *VC. cons.* »

Voir le titre LXXX, qui, tout en confirmant de nouveau l'obligation, pour
tous les témoins de celui qui succombe dans un combat judiciaire, de payer une
amende de 300 sous d'or, frappe de la même peine celui qui a donné le conseil
de se battre. « Etiam qui calumniatori consilium dederit ad dimicandum, si vi-
« ctus fuerit, simili ut superius statutum est mulcta feriatur. »

[2] *Valeur intrinsèque et valeur relative du sou d'or de la loi Gombette.*

Dans toutes les dispositions de la loi Gombette où il est question du sou, *soli-*

Ce n'est pas ici le lieu de nous arrêter à une législation dont l'esprit nous paraît n'avoir été bien compris, tout au moins au

lus, cette loi entend parler du sou romain, d'ailleurs ainsi désigné dans la *prima constitutio* de cette loi : « Si quis sane judicum... xxx solidos romanos se noverit « inlaturum. »

Au v° et même au vi° siècle, tant que dura le premier royaume de Bourgogne, qui finit en 534, le sou d'or romain fut seul en circulation dans la Gaule, comme dans tout l'Empire. Le sou d'or que faisaient frapper les Ostrogoths, les Wisigoths et les Burgondes, n'était autre que le sou d'or romain, quant à la valeur, au titre, à l'effigie et au revers, avec la seule différence qu'il contenait un monogramme de leur roi. Borghesi l'a constaté pour les rois barbares en général, M. Sainclair pour le roi des Ostrogoths Théodoric, et M. Lenormand pour les rois burgondes Gondebaud et Sigismond.

Suivant Dureau de La Malle, le sou d'or romain, depuis les enfants de Constantin jusqu'aux derniers temps de l'Empire, pesait 83 grains, dont la valeur intrinsèque correspondante en francs et centimes est de 15 fr. 10 cent. (*Économie polit. des Romains,* in-8°; Paris, 1840, t. I, p. 46.)

Guérard (*Système monét. des Francs,* p. 34 et table VI) établit la valeur relative du sou d'or romain, c'est-à-dire sa valeur intrinsèque multipliée par le pouvoir de l'argent; il la porte à 99 fr. 53 cent. ce qui est aussi adopté par Dureau de La Malle. (Voir *Écon. polit. des Romains,* t. I, p. 106.)

Dans le *Polyptique de l'abbé Irminon* (in-4°, Paris, 1844; *Proléy.* t. I, p. 142), Guérard ne porte la valeur relative du sou d'or de la loi Gombette qu'à 90 francs, parce qu'il l'assimile au sou d'or du monnayage mérovingien, qui n'a commencé qu'après la chute du premier royaume de Bourgogne. Le sou d'or mérovingien ne pesait que 72 grains, représentant une valeur intrinsèque de 9 fr. 28 cent. et une valeur relative de 90 francs, suivant Guérard, tandis que le sou d'or de la loi Gombette, de même que le sou d'or romain, représentait une valeur intrinsèque de 15 francs environ, et une valeur relative de 100 francs.

Lorsque Guérard écrivait, la monnaie de Gondebaud n'avait pas encore été signalée d'une manière spéciale par la science numismatique. Nous possédons, dans notre collection, trois sous d'or de ce roi, à fleur de coin. Chacun d'eux pèse exactement 15 francs de notre monnaie actuelle en or, c'est-à-dire qu'ils ont chacun un poids égal à une de nos pièces en or de 10 francs et à une pièce de 5 francs réunies. Ainsi (la différence entre les titres respectifs ne mérite pas qu'on s'y arrête) la valeur *intrinsèque* du sou de Gondebaud est donc bien de 15 francs. Quant à la valeur *relative* de ce sou, il existe un élément tiré de la loi Gombette elle-même pour l'établir. On voit, par l'article 1er du titre IV de cette loi, qu'une vache était évaluée 1 sou et un bœuf 2 sous. Or dans nos pays du Lyonnais, où la loi Gombette a été édictée, la valeur moyenne d'une vache ordinaire, lorsque écrivaient MM. Guérard et Dureau de La Malle (1840-1844), était, approximativement, de 100 francs, et celle d'un bœuf ordinaire de 200 francs.

siècle dernier, que par Montesquieu seul : « Je prie, dit-il, qu'on
« lise les deux fameuses dispositions de Gondebaud sur le duel
« judiciaire ; on verra qu'elles sont tirées de la nature des choses.
« Il fallait, selon le langage des lois barbares, ôter le serment des
« mains d'un homme qui voulait en abuser [1]. »

Ne retenons qu'une chose, c'est que la procédure du serment et
du combat judiciaire constitue, dans la loi des Burgondes, l'expression la plus énergique du principe de la solidarité de la famille.

Ce principe subsista dans les Gaules autant que la personnalité
des lois, c'est-à-dire jusqu'à l'établissement de la féodalité absolue,
qui changea les conditions sociales, en rivant l'homme à la terre,
par l'incorporation du droit humain à la propriété.

Alors se formèrent nos coutumes, s'alliant à nos vieux usages
galliques qui avaient traversé les siècles. Les liens du sang furent
respectés ; le principe de la famille naturelle fut maintenu ; et
insensiblement s'organisa le conseil de famille, par une sorte de
tradition de l'antique solidarité des parents.

Une réflexion se présente ici.

Si, par les institutions de la Germanie, l'individu avait une
grande indépendance appropriée aux mœurs et aux relations du
temps, cependant il était relié à la famille par de puissants liens
et d'impérieux devoirs, qui le contenaient incessamment.

L'indépendance germanique a passé dans nos mœurs modernes.
Mais, dans notre société plus amollie et plus relâchée, la famille
n'a qu'une action fort limitée sur l'individu, qui relève surtout
de l'État.

Sans doute il ne faudrait pas rétrograder vers des institutions

---

[1] Montesquieu, *Esprit des lois*, LIV, 16.

On a beaucoup disserté sur le duel judiciaire. Il n'a pas été institué par Gondebaud, suivant une opinion un instant accréditée par Muratori, mais réglé par
lui, en vue de prévenir les faux serments. Le combat judiciaire était pratiqué
chez les Germains, comme l'attestent Velleius Paterculus (II, 118) et Pomponius
Méla (III, 3). On le rencontre aussi chez d'autres peuples de l'antiquité. Da-
mascène, qui écrivait sous Auguste, prétend qu'il était en usage chez les Ombres.
« Lorsque les Ombres, dit-il, ont des différends entre eux, ils les vident par les
« armes ; et celui-là paraît avoir la plus juste cause, qui a tué son adversaire. »
(Nicolai Damasceni *Excerpta et Fragmenta*, in-8°; Lypsiæ, 1804, p. 144.)

effacées par le progrès des mœurs; mais, dans un intérêt de protection pour la jeunesse, livrée chez nous à de si décevantes excitations, dans un intérêt de conservation de la famille et de repos public, ne pourrait-on pas donner quelques droits de plus à la puissance paternelle? C'est une simple question que je pose. Stabilité de la famille et stabilité de l'État, ne sont-ce pas deux choses essentiellement corrélatives et qui vivent l'une par l'autre?

II

CONSTITUTION RÉELLE DE LA FAMILLE.

La constitution personnelle de la famille, comme nous l'avons vu, a pour fondement le mariage. Sa constitution réelle a pour base la propriété et les successions.

La propriété, dans son acception générale, est la représentation d'un travail accompli; accompli par les aïeux lorsqu'on la possède héréditairement. Dans ce cas, on a raison de dire que la propriété, c'est la famille.

« Les mutations héréditaires, comme s'exprime M. Laboulaye, « changent l'état de la propriété; elles décident de l'organisation « de la société[1]. »

§ I. De la propriété.

Au temps de Jules César et de Tacite, les Germains ne connaissaient pas la propriété individuelle de la terre.

« Les Germains, dit César, ne possèdent point de champs sé- « parés, et chez eux la propriété de la terre n'est pas personnelle. « Les magistrats et les chefs font, chaque année, entre les tribus et « les familles qui vivent en commun, la distribution des terres, en « telle quantité et en tel lieu qu'ils le jugent convenable, et, l'année « suivante, ils les forcent de s'établir ailleurs. Ils disent que cet usage « est fondé sur plusieurs motifs : on empêche ainsi les hommes de « s'attacher aux mêmes lieux par l'effet d'un séjour continuel et de

---

[1] Laboulaye, *Histoire du droit de propriété foncière en Occident*, in-8°; Paris, 1839, p. 190.

« perdre le goût de la guerre pour prendre celui de l'agriculture;
« on les empêche de songer à acquérir de grands domaines; on pré·
« vient l'usurpation des forts sur les faibles, etc. » (*Guerre des Gaules,*
VI, 22.)

« Les terres des Germains, dit Tacite, sont successivement oc-
« cupées par tous, suivant le nombre des bras; elles sont ensuite
« partagées selon les rangs. L'étendue de leur territoire offre la fa-
« cilité de ces partages. Ils changent chaque année de terres, et ils
« en ont toujours de reste. » (*Germanie,* XXVI.)

Et ailleurs Tacite ajoute : « Il est assez connu que les Germains
« ne bâtissent point de villes, et qu'ils ne souffrent pas même que
« leurs habitations soient contiguës entre elles. Ils vivent isolés et
« s'établissent aux lieux où une fontaine, une prairie, un bois, les
« a charmés. Ainsi se forment leurs *vici,* non pas à notre manière,
« par des maisons réunies et jointes ensemble; chacun entoure son
« habitation d'un espace, *suam quisque domum spatio circumdat,*
« soit pour se préserver de communications, soit par ignorance
« de l'art de construire. » (*Ibid.* XVI.)

Ces paroles des deux grands historiens sont ainsi expliquées
par Montesquieu : « Nous savons, dit-il, par Tacite et César, que
« les terres que les Germains cultivaient ne leur étaient données
« que pour un an; après quoi elles redevenaient publiques. Ils
« n'avaient de patrimoine que la maison et un morceau de terre
« autour de la maison. C'est ce patrimoine particulier qui appar-
« tenait aux mâles. En effet, pourquoi aurait-il appartenu aux filles?
« Elles passaient dans une autre maison.

« La terre salique était donc cette enceinte qui dépendait de la
« maison du Germain; c'était la seule propriété qu'il eût. Les
« Francs, après la conquête, acquirent de nouvelles propriétés, et
« l'on continua à les appeler les terres saliques. » (*Espr. des lois,*
XVIII, 22.)

Guérard, partageant l'opinion de Montesquieu, croit aussi que,
malgré la communauté des champs et leur mutation annuelle, les
Germains pratiquaient la propriété foncière relativement à la
maison d'habitation et à son enceinte. Il pense que cette maison
et cette enceinte, qu'on trouve précisément désignées sous le nom

de *sala,* dans le titre LXXXI de la loi des Allemands et dans plusieurs chartes allemandes, comme constituant le patrimoine du père de famille, donnent la véritable origine de la terre salique[1].

Pardessus (*Loi Salique,* p. 707) et Laferrière (*Hist. du droit franç.* t. III, p. 180) estiment que les Francs ont donné à la terre la dénomination de *salique,* du nom même de la tribu des Saliens.

Quoi qu'il en soit, le sol, à l'exception de la maison d'habitation et de son enceinte, est resté propriété publique, *au delà du Rhin,* jusqu'à la conquête des Francs; et l'on ne saurait dire avec Lehuërou (t. II, p. 59 et 109) qu'avant de devenir propriété individuelle, la terre se fixa dans une espèce de clan pour appartenir d'abord à toute la parenté, et plus tard à une seule famille.

La loi des Lombards, publiée au vii⁰ siècle, indiquée par Lehuërou à l'appui de son opinion, n'a nullement la portée qu'il lui attribue. Elle statue ce qui suit :

« Art. 158. Si quelqu'un laisse en mourant *deux filles légitimes* « ou *plus, et un fils naturel ou plus, et d'autres proches parents,* que « les filles prennent six onces, c'est-à-dire la moitié ; les fils naturels « quatre onces, c'est-à-dire le tiers ; et les parents légitimes deux « onces, c'est-à-dire le sixième. Que, s'il n'existe point de parents, « la Cour du roi prendra les deux onces. » Cette loi n'est autre chose qu'une faible satisfaction donnée à l'ancien principe germanique de masculinité, auquel, du reste, elle déroge profondément, à l'exemple des autres lois barbares, au profit des filles, sous l'influence des idées nouvelles qui s'étaient établies dans la société.

Comment la propriété individuelle de la terre s'est-elle introduite chez les peuples de la Germanie ?

L'histoire juridique nous l'apprend.

Ces peuples commencèrent à connaître la propriété personnelle des immeubles par les concessions qu'ils reçurent des Romains, en qualité de *læti.*

Au milieu du iii⁰ siècle, des concessions de terres riveraines du Rhin furent accordées par Gallien à des bandes guerrières de

---

[1] Voir le *Polyptique de l'abbé Irminon,* in-4°, Paris, 1843 ; *Prolég.* p. 483.

Francs, à la charge, par eux, de garder le fleuve et de servir comme auxiliaires dans les armées romaines [1].

Au commencement du iv⁰ siècle, Constantin « transporta des na- « tions franques des rives lointaines de la Barbarie dans les régions « désertes de la Gaule, afin qu'elles pussent seconder la paix ou la « guerre de l'empire romain par la culture de la terre ou par les « armes [2]. »

La *Notice de l'Empire* témoigne d'un grand nombre de *læti* disséminés dans les Gaules au v⁰ siècle. Pour tous, la propriété individuelle du sol existe avec le caractère spécial attaché à la condition des héritages militaires transmissibles de mâle en mâle, et que les lois romaines nomment tantôt *agri limitanei* et tantôt *sortes* [3].

Les Germains, venus dans les Gaules au v⁰ siècle, ne tardèrent pas à faire de la terre une propriété individuelle, soit qu'ils la tinssent du partage qu'ils avaient fait avec les Romains, soit qu'elle leur eût été accordée par des concessions de leurs rois.

On nomma *sors* le lot des Wisigoths et des Burgondes, — *terra, terra salica,* les premières attributions faites aux Francs Saliens, — et *alodes, hæreditas aviatica,* celles faites aux Francs Ripuaires.

Ces propriétés originaires devinrent, comme la modeste habitation des Germains de Tacite, et son enceinte, un patrimoine de famille, transmissible d'une manière variable, suivant les coutumes des nations, mais d'après des principes fondés sur l'esprit primitif des institutions germaniques.

---

[1] Zozime, *Hist.* 1253, 268.... « Et cum multis auxiliis juvaretur Celticis ac « Francis. »

[2] « Quid loquor rursus intimas Franciæ nationes..... ab ultimis Barbariæ « littoribus avulsas, ut in desertis Galliæ regionibus collocatæ, et pacem Romani « imperii cultu juvarent et arma dilectu. » (Eumen. *Paneg. Aug. Constant.* — Publication de la Société éduenne; Autun, 1854, p. 131.)

[3] Voir au Code Théod. l. XI, tit. 1. *De Annona et tributis.*

« *Sortes*... sunt possessiones et moduli agrorum certa mensura comprehensi, « fragmentum agrarium de limitibus..... hinc et *sors* pro hæreditate, indeque « *consortes*, qui alicui cohæredes..... » (Godefroy, *Cod. Theod.* t. IV, p. 8.)

Voir aussi Championnière, *Eaux courantes,* in-8⁰; Paris, 1846, p. 282.

Avant l'invasion de 407, les Burgondes du bord du Mein ne connaissaient point la propriété individuelle. Ils reçurent, à titre de concession, les rives du Rhin, qu'ils étaient chargés de défendre. En 443 et 456, ils furent admis à partager la terre avec les Gallo-Romains[1]. Le *sors* ou lot échu à chaque père de famille devint alors une propriété particulière, dont les Burgondes réglèrent la possession et la transmission par une sorte de combinaison des coutumes germaniques avec les principes romains.

[1] Voir la Chronique de Tiro, *ad ann.* 443 ; celles de Marius d'Avenche et de Cassiodore, *ad ann.* 456.

Voir aussi Gaupp, *Établissements des peuples germains et partage des terres dans les provinces de l'empire romain en Occident,* in-8° ; Breslau, 1844, ch. VI, § 16, p. 323.

Il paraît résulter du titre LIV de la loi Gombette qu'indépendamment du partage des terres, qui eut lieu en 443 et 456, Gondebaud a dû également faire un autre partage, quand, après la chute de l'Empire, en 476, après la défaite et la mort de ses frères, Chilpéric et Gondomar, il devint maître du pays qu'occupaient les Burgondes.

Le titre LIV, art. 1er, parle en effet d'une *præceptio* non arrivée jusqu'à nous, qui fut donnée dans le temps où les Burgondes reçurent le tiers des esclaves et les deux tiers des terres. *Eodem tempore. . . . . a nobis fuerat emissa præceptio.*

Il est remarquable que le *sors* ne fut indisponible qu'entre les mains du père seulement ayant concouru au partage général fait avec les Gallo-Romains, puisque les fils pouvaient disposer de la portion qui leur était échue dans le partage avec leur père (tit. LI, 2), comme le père lui-même avait la libre disposition de la part virile qui lui advenait (LI, 1).

On se tromperait beaucoup si l'on faisait remonter au droit germanique le principe de *la conservation des biens dans les familles,* qui servit de base aux successions coutumières. « La perpétuité de famille, comme le dit Montesquieu, de « nom ou de transmission des terres, tout cela n'entrait pas dans la tête des Ger- « mains. » (*Espr. des lois,* XVIII, 22.)

Les Germains n'avaient point de nom de famille, ni prénom et surnom, comme les Romains. Chaque individu était désigné par un nom personnel. La loi Gombette nous en fournit la preuve par les trente-deux comtes qui l'ont souscrite. Certains auteurs ont voulu voir, dans quelques-uns de ces comtes, des Romains. C'est une erreur ; ce sont des Burgondes qui avaient reçu des noms romains. Toutes les personnes indiquées dans le corps de la loi Gombette n'ont qu'un nom. Ainsi, au titre LI, Athila ; au titre LII, Fredegesilus, Batthamodus, Aunegild. Du titre XXVI, art. 5 de la loi Salique, l'on peut induire que les Francs donnaient un nom aux enfants huit jours après leur naissance.

Dans les usages germaniques, il n'y avait pas unité de patrimoine comme dans la loi romaine, comme dans nos lois modernes; il y avait différentes masses de biens distincts, différents ordres de successions et différents héritiers. C'est aussi ce qu'on trouve dans la loi Gombette, avec un mélange de droit romain imprimant à cette loi un cachet particulier.

La loi Gombette, en effet, reconnaît plusieurs sortes de propriété : 1° le *sors* ou bien de famille; 2° le bien personnel; 3° l'acquêt; 4° la concession royale.

Sors. — Le *sors* était le lot échu aux Burgondes dans le partage de la terre avec les Gallo-Romains[1]. Ce lot constituait une propriété de famille. Le père était tenu de le conserver et de le transmettre à ses fils. Les fils pouvaient, quand ils avaient atteint l'âge de capacité, demander le partage de cette propriété. Ce partage s'opérait par égale portion entre eux. S'il avait lieu du vivant du père, celui-ci avait droit de retenir une part virile, dont il était libre de disposer à son gré[2]; ses fils avaient aussi la pleine disposition de la part à eux dévolue. (Tit. XLI, 2.) Seule, entre les lois barbares, la loi Gombette offre l'exemple d'un partage semblable, dont l'usage était ancien chez les Burgondes, *antiquitus fuerunt observata.* (Tit. XLI, 1.) A cet antique usage, chez les Germains, se rattachait

---

[1] Le lot échu au Burgonde est nommé *sors* par la loi Gombette, du mot *sors*, partage. Au titre I, 1, cette loi appelle ce lot *terra sortis titulo acquisita;* au titre XIV, 5, *terra sortis;* au titre XXIV, 5, *tradita filiis portio;* au titre XLVII, 3, *sors parentum;* au titre LI, 1, *propria substantia;* enfin, au titre LXXXVI, 1, 2 et 3, simplement *terra.*

La même loi désigne aussi sous le nom de *sors* le territoire entier occupé par la nation des Burgondes. (*Extra sortem,* tit. VI, 1; *Intra sortem,* tit. XX, 2.) De même au livre I, tit. X, de la loi des Wisigoths, la nation est désignée par ces mots *sortes goticæ.*

[2] Tit. LI. *De His qui debitas filiis substantiæ suæ portiones non tradiderint.* Art. 1 : «Quamlibet hæc in populo nostro antiquitus fuerint observata, ut pater «cum filiis propriam substantiam æquo jure divideret; tamen emissa jam pridem «lege custodiri hujusmodi ordinem jussimus, et patrum utilitatibus consulentes «adjecimus, ut ex eo quod in portione patris veniebat faciendi quod voluisset, «haberet liberam potestatem, etc. » (Voir le titre XXIV, 5.)

sans doute l'habitude des princes mérovingiens de réclamer de leur père une part de l'autorité dont il était dépositaire.

Biens personnels. — Certains biens, dans le droit germanique, ne faisaient pas partie de la propriété de famille, et les personnes en avaient la libre disposition. La loi Gombette les a conservés. Au titre XLI, article 3, il est dit que « les parures et les vêtements « de femme appartiendront aux filles, sans aucun partage avec « leurs frères [1]. » Les filles pouvaient en disposer à leur gré, et leurs frères n'en héritaient qu'autant qu'elles n'avaient pas laissé de sœur [2]. D'après la loi des Angles (VI, 5), la cuirasse et le vêtement de guerre appartenaient exclusivement aux fils.

« Tout porte à croire, comme le fait observer Lehuërou, que « cette pratique était générale et que c'était là une maxime primitive des Germains en matière de succession [3]. »

Acquêt. — On entendait par acquêt tout ce qui advenait à une personne par sa propre industrie ou par le bienfait d'autrui. Chacun pouvait disposer, comme il l'entendait, de ce qui lui était ainsi advenu. L'article 1er du titre Ier de la loi Gombette s'en explique en ces termes : « Nous avons décidé, par la présente constitution, qu'il est permis au père, même avant le partage (du « *sors*), de donner, à qui bon lui plaira, les biens qu'il possède en « commun ou par son propre travail, mais non la terre qu'il tient « à titre de lot ou partage, laquelle devra être conservée en conformité de ce qui a été statué par une première loi [4]. »

Concession royale. — La concession royale consistait dans les

---

[1] Tit. LI, 5. « Ornamenta quoque et vestimenta matronalia ad filias absque « ullo fratris fratrumque consortio pertinebunt. »

[2] Tit. LI, 6. « Verum si defuncta non habuerit puella germanam, et de rebus « suis non evidenter observanda decreverit, fratres sui heredes accedant. »

[3] Voir *Institutions carolingiennes*, t. II, p. 83.

[4] Tit. I, *De Libertate donandi patribus attributa*..... Art. I, 1 : « ..... Præsenti « constitutione omnium uno voto et voluntate decrevimus, ut patri, etiam ante-« quam dividat, de communi facultate et de labore suo cuilibet donare liceat, « absque terra sortis titulo acquisita, de qua prioris legis ordo servabitur. »

terres données par la munificence du souverain, lesquelles étaient
héréditaires et devaient passer aux fils et à leur postérité mâle
tenus de servir le roi avec foi et hommage : *Ut posteritas eorum
devotione et fide deserviat.* (Tit. I, 3 et 4.)

L'article 14 du second supplément de la loi Gombette détermine les formalités nécessaires pour obtenir une concession du
roi qui était accordée sur lettres présentées au comte de la cité
de l'impétrant, et remises par celui-ci aux conseillers ou aux ma-
jordomes du roi.

« Une chose bien remarquable, dit Laferrière (t. III, p. 108),
« c'est qu'on trouve, dans le titre Ier de la loi Gombette, un carac-
« tère de propriété qui représente complétement le FIEF AVEC HÉ-
« RÉDITÉ, AVEC FOI ET HOMMAGE [1] ; et, comme le duel judiciaire est
« inscrit aussi sous les titres VIII et XLV, on a déjà dans la loi
« Gombette tout ce qui fera la base de la féodalité. »

Les concessions des rois burgondes rappellent les bénéfices de
l'Empire, c'est-à-dire les concessions que faisaient les empereurs
romains de terres (espèces de fiefs, disait Godefroy, *species quæ-
dam feudi*) qui ne pouvaient être possédées qu'à charge de service
militaire pour la défense des frontières, *propter curam munitio-
nemque fossati*, et n'étaient transmissibles qu'aux enfants mâles et
sous la même condition : *ita ut commissa essent, si hæredes illorum
militarent.* (Lamprid. in Alexand. Sev. c. LVIII.)

---

[1] Tit. I. Art. 3 : « Illud etiam huic legi adjungi placuit, ut si quis de populo
« nostro a parentibus nostris, *munificentiæ caussa,* aliquid percepisse dignoscitur,
« id quod ei conlatum est, *etiam ex nostra largitate, ut filiis suis relinquat,* præsenti
« constitutione præstamus.

Art. 4 : « Id etiam statuentes, ut si quid etiam de *nostro munere,* aut Deo
« præstante aliter perceperint, donationum nostrarum textus ostendant. Superest
« UT POSTERITAS EORUM EA DEVOTIONE ET FIDE DESERVIAT, ut augere sibi et servare
« circa se parentum nostrorum munera cognoscat. »

Aux termes de l'article 1 du titre I de la *Lex romana Burgundionum,* « La pro-
« priété des choses données par la munificence royale est assurée à ceux à qui
« ces donations ont été faites et qui les ont acceptées, même à leurs héritiers et
« prohéritiers, d'après la loi insérée au livre XI du titre XX du code Théodosien,
« donnée à Strategius, comte du domaine privé. *De donationibus. Dominorum pro-
« prietas accipientium etiam circa hæredes et prohæredes lege firmatur ; id est ex corpore
« Theodosiani, lib. XI, tit. XX, ad Stratigium, comitem rei privatæ.* »

Il y avait donc chez les Burgondes différentes sortes de biens, distingués selon leur origine et leur provenance : le *sors* ou bien de famille, les biens personnels, l'acquêt et la concession du roi.

Il nous reste à examiner comment s'opérait la transmission de ces biens par succession, donation ou testament.

§ 2. Succession.

« Les enfants, *liberi,* dit Tacite, sont les héritiers. Il n'y a pas « de testament, *nullum testamentum.* S'il n'y a point d'enfants, le « plus proche degré succède : les frères, les oncles paternels, les « oncles maternels [1]. »

Ainsi, à défaut d'enfants et d'autres descendants, les collatéraux succèdent par proximité de tronc et de lignage; d'abord les frères et leur postérité, puis les oncles paternels et les oncles maternels. C'est précisément l'ordre suivi par toutes les lois barbares [2].

Des paroles de Tacite, expression du droit germanique, ressortent plusieurs règles passées dans nos coutumes. Ainsi, pendant longtemps notre vieux droit coutumier n'admit ni les ascendants à succéder à leurs enfants, ni la représentation successorale, c'est-à-dire la substitution légale des enfants aux droits successifs de leur père, ni même l'institution d'héritier, *nullum testamentum.* « Il n'y a que Dieu, disait Glanville, qui puisse faire un héritier. « *Solus Deus hœredem facere potest, non homo.* »

Suivant Laferrière (III, 183), le droit de *masculinité* n'existait

---

[1] « Hæredes tamen successores sui cuique liberi; et nullum testamentum. Si « liberi non sunt, proximus gradus in *possessione* fratres, patrui, avunculi. » (*Germ.* XX.)

[2] L'ordre de succession des lois barbares suit l'ordre de lignage. « Le lignage, « *parentela, generatio, genealogia,* dit Klimrath (t. I, p. 384), est une réunion de « personnes qui descendent d'un auteur commun. Le premier lignage est celui « du défunt lui-même et comprend ses enfants, ses petits et arrière-petits-enfants. « Les lignages subséquents se composent, en remontant de degré en degré (*ge-* « *nuculus*) au père et à la mère, à l'aïeul et à l'aïeule, et ainsi de suite. Le lignage « du père ou de la mère comprend les descendants du père, savoir : les frères et « sœurs, neveux et nièces, petits-neveux et petites-nièces du défunt. Le lignage « de l'aïeule comprend l'oncle et la tante du défunt, ses cousins germains, etc. »

pas dans les mœurs de la Germanie, où, d'après lui, l'égalité
entre les enfants, sans distinction de sexe, était la loi primitive
des partages de succession. « On sait, dit-il, que, dans le langage
« des Romains, le mot *liberi* comprend les enfants des deux sexes.
« Le principe exclusif des femmes, ou l'inégalité des droits de suc-
« cession entre les frères et sœurs, n'exista que lorsque la pro-
« priété immobilière fut constituée dans les tribus, et que les
« terres devinrent généralement l'objet de la propriété indivi-
« duelle. »

Les termes de Tacite n'impliquent pas nécessairement un partage égal de succession entre les enfants des deux sexes. Il dit
simplement que les enfants étaient les héritiers et les successeurs
de leurs parents; mais les enfants héritaient avec la distinction
des biens particulière aux nations germaniques.

Montesquieu a raison de dire que les filles passant dans une
autre maison n'avaient pas besoin de l'habitation patrimoniale.
Quant à celles qui ne se mariaient pas, elles demeuraient, après
la mort de leur père, sous le *mundium* de leur frère ou du plus
proche parent, héritier de cette habitation.

Le principe de la masculinité ressort de Tacite lui-même, lorsque, énumérant les personnes appelées à succéder, à défaut d'enfants, il indique les frères, les oncles, sans parler des sœurs ni
des tantes.

Lorsqu'on voit ce principe écrit dans toutes les lois barbares
à l'exception de celle des Wisigoths [1], n'est-on pas fondé à croire
qu'il est l'expression d'un système particulier à la race germanique?

---

[1] « La loi Salique exclut indéfiniment les femmes de la succession de la terre
« en concurrence avec les hommes de même degré. La loi des Ripuaires maintient
« ces dispositions dans toute leur rigueur. Celle des Angles et des Werins, plus
« sévère encore, étend l'exclusion absolue des femmes au profit des hommes de
« degrés plus éloignés, jusqu'aux quatre premiers degrés inclusivement, et ne la
« fait cesser qu'au cinquième. Celle des Saxons, plus douce, ne préfère à la fille
« que le petit-fils issu d'un fils prédécédé. Mais on ne saurait douter que l'exclusion
« indéfinie des femmes au profit des mâles de tous les degrés ne soit conforme
« à l'esprit primitif des lois germaniques et n'ait longtemps prévalu dans leurs
« mœurs. Tous les autres codes barbares admettent les filles à succéder à défaut
« de fils, à l'exclusion des mâles de degrés plus éloignés; mais la loi des Wisi-

Si, parmi ces lois, quelques-unes, telles que celle des Burgondes,
appellent, à défaut de fils, les filles aux successions paternelle et
maternelle, il faut reconnaître, en cela, l'influence du christianisme, qui s'appliqua, avec tant de zèle, à développer les droits
de la femme au sein des nations barbares, comme au sein de la
société romaine; influence qui se manifeste surtout dans la loi
des Wisigoths et dans la loi Gombette.

Il est regrettable que la législation des Burgondes ne nous soit
parvenue qu'incomplète [1]. Toutefois, ce que nous en avons suffit

« goths est la seule qui les admette en concurrence avec les fils. » (Lehuërou,
Histoire des institutions carolingiennes, t. II, p. 94.)

[1] La loi Gombette n'est pas, comme la loi Salique, un tarif de compositions
graduées suivant les besoins de réparation et de répression. Elle ne forme pas,
comme la loi des Wisigoths, un corps de législation d'un seul jet, contenant
un ensemble et un système de principes conçus dans une pensée toute romaine. Le code de Gondebaud est un assemblage de lois diverses successivement
rendues sous l'influence de besoins extérieurs et nouveaux; elles ont été réunies
en un recueil comprenant les quarante et un premiers titres, une première
fois par Gondebaud, probablement vers l'an 500 ou 501, et une seconde fois,
après la mort de Gondebaud, par son fils Sigismond, qui donna le premier *Additamentum*, suivi plus tard d'un second *Additamentum*, œuvre de Gondomar.

Quelques-unes des lois portent leur date, et d'autres dérogent ou ajoutent des
dispositions nouvelles à des lois précédentes; il y a donc eu, non pas révision,
mais simplement réunion de ces lois.

Le titre XLII est daté des nones de septembre du consulat d'Avienus (Senior),
(an 501); — le titre XLV, des calendes de juin, sous le consulat d'Avienus (Ju-
nior) (an 502); — le titre LII, des calendes d'avril, sous le consulat d'Agapetus.
Au Code Justinien, on trouve trois lois (II, 8, 5; — IV, 29, 21; — V, 27,
60), sous le consulat d'Ametolius et d'Agapetus, que Haloandre, dans ses
Fastes consulaires, met en 510, et Cantius, dans les siennes, en 508. —
Le titre LXXVI, *De Wittiscalcis*, d'après les manuscrits de la Bibliothèque impériale 4625, et 211 du Supplément latin, est daté des calendes de juillet, sous
le consulat de Probus (an 513); — enfin le titre LXXIX, *De Prœscriptione tem-
porum*, d'après le manuscrit 4626, des calendes de mars, après le consulat de
Senator (an 514 ou 515).

Le titre XX de la loi Gombette modifie le titre IV en ce qui concerne la res-
ponsabilité des maîtres au sujet des vols commis par leurs esclaves, et le titre
LXXIV modifie le titre XLII, dans le droit de la veuve au tiers de la jouissance
des biens délaissés par son mari. — Le titre LXXXI, rappelant la *prima constitutio*
et y ajoutant, enjoint aux juges de prononcer leurs sentences dans les trois mois

pour nous faire connaître quels étaient les principaux éléments du droit de succession chez ce peuple, et pour nous montrer avec quel soin, par des lois répétées, les Burgondes cherchèrent à concilier ce droit avec leurs besoins nouveaux, et à faire prévaloir insensiblement les droits fondés sur la nature.

SUCCESSION DÉFÉRÉE AU PÈRE ET À LA MÈRE. — La loi Gombette n'appelle pas les aïeux à la succession de leurs petits-enfants décédés sans postérité, mais elle fait une part aux père et mère.

Nous savons que les enfants pouvaient demander à leur père le partage du lot, *sors,* qui lui était advenu dans la division de la terre faite avec les Gallo-Romains. Si, après ce partage, le fils, venant à mourir sans enfant, n'avait pas disposé de la portion qui lui était échue, cette portion revenait au père, mais seulement à titre d'usufruit, *usufructuario jure.* Il devait la transmettre à ses autres fils [1].

---

de la sommation qui leur a été faite; enfin le titre LXXX, relatif au duel judiciaire, contient une augmentation des peines portées par les titres VIII et XLV, comme le titre LXXXIX aggrave les peines prononcées contre les voleurs de chevaux par les titres IV et XLVII, en ordonnant la confiscation de leurs biens.

Il faut ajouter que divers textes rappellent d'anciennes lois, *priores leges, alia lex,* dont la plupart ne sont pas parvenues jusqu'à nous : ainsi les titres I, 1, XLII, 1, 2; — XLIII, 1; — LXXXVI, 2. L'absence de ces lois ne laisse pas de rendre parfois obscure l'intelligence de la loi Gombette. Ganz avait presque raison de dire que les dispositions de cette loi éparpillées semblent plus destinées à combler des lacunes qu'à former un corps de lois complet et systématique. (Voir *Droit de succession.* Traduction de Loménie; in-12, Paris, 1845, page 42.)

Toutefois, au milieu d'une confusion plus apparente que réelle, lorsqu'on étudie le code des Burgondes avec un grand soin, l'on est surpris de voir tout ce que ce code renferme de prévoyante combinaison pour concilier les coutumes germaniques avec le droit romain.

[1] Tit. LI. *De His qui debitas filiis substantiæ suæ portiones non tradiderint.* Art. 2 : « Illud tamen hujusmodi legis vigore placuit diffiniri, ut filius de portione « quam acceperit, faciendi quod voluerit liberum potiatur arbitrium : ita ut si sine « sobole moriatur, et patrem ejus superesse fatorum decreta permiserint, et de « rebus in suo dum adviveret jure compositis neque donationem fecerit, neque « condiderit testamentum, pater suus ita successionem de qua loquimur suis

Une première loi avait ordonné que, lorsqu'un fils serait décédé *ab intestat* après son père, sans laisser de frères, la mère survivante aurait la jouissance totale des biens de ce fils, qui seraient recueillis, à la mort de celle-ci, par les parents paternels, *propinqui ex paterno genere*. Mais, par une loi postérieure, les biens durent être partagés par moitié entre ces parents et la mère, et chacun eut la libre disposition de sa part [1].

La participation du père et de la mère à la succession de leur fils décédé sans enfant, admise par la loi Gombette, constitue la première atteinte portée, dans une loi barbare, au principe germanique, qui ne faisait pas remonter les successions.

SUCCESSION DÉFÉRÉE AUX DESCENDANTS. — Suivant les principes germaniques, la loi burgonde admet les fils seuls à hériter du père et de la mère, à l'exclusion des filles [2].

Toutefois, par une exception qui témoigne de l'influence du clergé et que n'offre aucune autre loi barbare, la fille religieuse avait droit à la jouissance du tiers de la part échue au père dans le *sors*, par le partage qu'il en avait fait avec ses fils, si cette part se trouvait encore dans sa succession à son décès. Si le père laissait quatre frères ou plus, la fille religieuse n'avait droit qu'à la jouissance d'une portion égale à celle que ses frères recevaient en pleine propriété [3].

« partibus vindicabit, ut nihil exinde abalienandi potestatem habeat : ipsoque in « fata collapso, ad reliquos filios defuncti fratris substantia remanebit. »

L'article 1er du titre LXXVIII statue dans sa première disposition, de même que l'article 2 du titre LI.

[1] Tit. LIII. *De Hæreditatibus filiorum qui post patris obitum matre superstite intestati moriuntur.* « Qua de re jubemus, sicut jam similis caussa nostro est con- « clusa judicio, quotiens in hunc casum contraria fatorum decreta vertuntur, « continuo inter matrem defuncti pueri, si tamen puella defuerit, et propinquos « quorum supra fecimus mentionem, relictæ facultatis divisio æquo jure et ordine « celebretur, ita ut unusquisque de medietate percepta faciendi quod voluerit ex « lege habeat postestatem. »

[2] Tit. XIV. *De Successionibus et sanctimonialibus.* Art. 1 : « Inter Burgun- « diones id volumus custodiri, ut si quis filium non reliquerit, in loco filii filia « in patris matrisque hæreditate succedat. »

[3] Tit. XIV. *De Sanctimonialibus.* Art. 5 : « De his vero puellis quæ se Deo vo-

Par une modification à l'article 1er du titre XIV, qui faisait partie de la *Lex prima,* le titre LXXV de la loi burgonde, intervenu postérieurement, prévoit le cas où un individu, ayant reçu de son père *portio facultatis et substantiæ quantitas,* meurt laissant son père, des fils et une sœur, et statue qu'à la mort du père les petits-fils auront les trois quarts de la succession, et la fille l'autre quart. Telles sont les dispositions des articles 1 et 2 du titre LXXV [1], rendues très-saisissantes par Davoud Oghlou [2].

« Si un Burgundion (A), dit-il, a un fils (B) et une fille (D), et
« que B meure et laisse un fils (C), à la mort de A, les trois quarts
« de sa succession passent à C et un quart à D. — Si A avait déjà
« partagé avec B ses biens, C hérite de tout ce que B avait eu de A,
« et de la moitié de ce qui était resté à A ; l'autre moitié passe à D ;
« ce qui veut toujours dire : les trois quarts de la fortune de A
« passent à C et un quart à D.

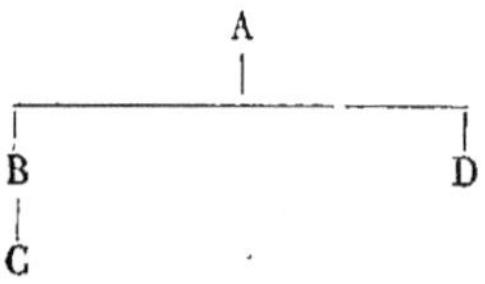

« verint, et in castitate permanserint, si una duos fratres habuerit, tertiam jube-
« mus ut portionem de hæreditate patris accipiat, hoc est de ea tantum terra quam
« pater ejus sortis jure possidens mortis tempore dereliquit. Similiter et si quatuor
« aut quinque fratres habuerit, portio ei debita reservetur.

Art. 6 : « Si autem illa unum tantum habuerit fratrem, non medietatem, sed tertiam partem consequatur..... »

[1] Tit. LXXV. *De Hæreditate inter nepotem et amitam dividenda.* Art. 1 : « Si « filius, patre superstite, habens filios in fata decesserit sororemque reliquerit, et « pater de quo loquimur debitam filio facultatis suæ dederit portionem, et ex ea « quæ ipsi competebat substantiæ quantitate, de hac luce discedens, non aliquid « speciale decreverit, inter filium filii et filiam, salva medietate quæ minoribus « partibus ex paterna successione debetur, altera substantiæ ejus medietas inter « nepotem et filiam æqualiter dividatur. »

Art. 2 : « Quod si filius, de cujus potestate tractatur, omnia cum patre indivisa « possederit, eodem mortuo medietas nepotis partibus sequestretur : altera me- « dietas cum filia et nepote æquo ordine dividatur....... »

[2] Davoud Oghlou, *Histoire de la législation des anciens Germains,* in-8°, Berlin 1845, p. 425.

« Si B n'a laissé que des filles (*petites-filles de A*), à la mort de A,
« elles partagent entre elles ce que B a reçu ou aurait reçu du par-
« tage que A a fait ou aurait fait [1]. » (Tit. LXXV, art. 3.)

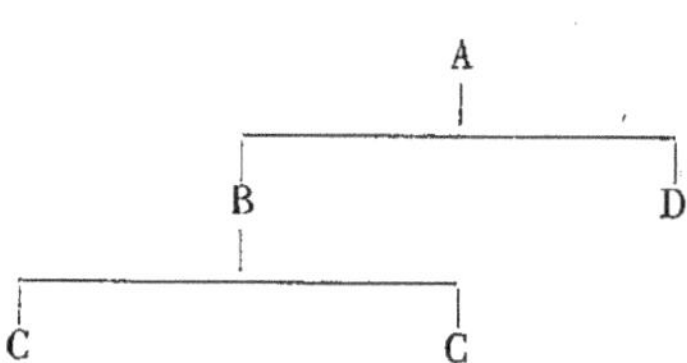

Le père qui héritait de la jouissance du *sors* de son fils décédé
sans postérité devait, nous l'avons vu, en transmettre la propriété
à ses autres fils, frères du défunt, *ad reliquos filios, defuncti fratres.*
Par l'article 1ᵉʳ du titre LXXVIII, la loi Gombette, admettant la
représentation en ligne directe au profit des petits-fils concourant
avec des oncles, statua : « En mourant, le père devra transmettre ces
« mêmes biens à ses fils et *à ses petits-fils,* qui devront les partager
« de telle manière que tous les petits-fils nés d'un fils prédécédé
« aient entre eux la portion qui serait revenue à leur père. »

En même temps il fut décidé, « relativement à la portion qui
« était échue au père, dans le partage qu'il avait fait avec ses fils,
« que les fils survivants y auraient seuls droit à la mort de leur
« père, à l'exclusion des petits-fils [2]. »

---

[1] Tit. LXXV. Art. 3 : « Verum si defuncto, ut dictum est, patre, filius non hæ-
« redem reliquerit, sed puellam, ut sorori suæ superfuerint genitori, ita jus vin-
« dicandæ successionis obtinent, ut portionis paternæ quantitate contenta, altera
« medietas ad suas amitas, quarum supra fecimus mentionem, ex lege perveniat,
« neque exinde quidquam sibi æstimet vindicandum. »

[2] Tit. LXXVIII. *De Hæreditatum successione* . . . . . . « Si pater cum filiis *sortem*
« *suam* diviserit, et postea mori filium, vivo patre, contigerit sine filiis, patri fa-
« cultatum filii integram usufructuario jure vindicet portionem : quam inter
« filios et nepotes ita moriens dimittat, ut quanti nepotes ex uno filio fuerint
« qui patrem non habent, portionem patris sui vindicent qualem pater eorum
« habiturus erat. Illam vero partem quam pater cum filiis dividendam habuisset,
« superstitibus filiis derelinquat, et nepotes in eam partem non succedant. »

Par un édit des Francs de 595, qui ne paraît avoir reçu qu'une partielle exé-

Après le partage du *sors* opéré entre le père et ses fils, si le père s'était remarié, les enfants du second lit pouvaient seuls élever des prétentions sur les biens paternels; les enfants du premier lit n'y participaient point[1].

Il nous reste deux dispositions à mentionner: les filles héritaient seules des parures et vêtements de leur mère, si celle-ci n'en avait pas disposé[2]; d'autre part, si quelqu'un n'avait point laissé de fils, les filles recueillaient la succession du père et de la mère. *Si quis filium non reliquerit, in loco filii filia in patris matrisque hœreditate succedat.* (Tit. XIV, 1.)

Le progrès de la loi Gombette, dans cet ordre de succession, se manifeste en ces deux points : d'abord la fille vient à la succession de ses père et mère, à défaut de frère; elle est appelée pour un quart à la succession de son père, en cas de concours avec des petits-fils; atteinte radicale portée au principe de la masculinité germanique; en second lieu, le principe de la représentation est introduit en faveur des petits-fils.

SUCCESSION COLLATÉRALE. — Lorsque le défunt ne laissait ni fils ni fille, les frères étaient appelés à recueillir l'hérédité.

L'article 2 du titre XIV de la loi Gombette porte simplement : « Si le défunt n'a laissé ni fils ni fille, la succession appartiendra

cution, les petits-enfants furent admis à la représentation du chef de leurs père et mère.

Avant les lois nouvelles sur les successions, la représentation en ligne directe, c'est-à-dire au profit des petits-enfants d'un défunt, était rejetée par les plus anciennes coutumes d'Amiens, de Ponthieu, Boulois, Artois, Saint-Amand, etc. (Voir Pardessus, *Loi Salique,* p. 699.)

[1] Tit. Ier, *De Libertate donandi patribus attributa*.....Art. 2 : « Aut si cum filiis « diviserit, et portionem suam tulerit, et postea de alia uxore filios habuerit aut « unum aut plures, illi filii qui de secunda uxore sunt, in illam quam pater « accepit portionem succedant; et illi qui cum patre dividentes portiones suas « fuerant consecuti, ab eis penitus nihil requirant. »

[2] Tit. LI. Art. 3 : « Ornamenta quoque et vestimenta matrimonialia ad filias « absque ullo fratris fratrumque consortio pertinebunt. »

Art. 4 : « Quod quidem de his ornamentorum vestimentorumque speciebus circa « filias ex lege servabitur, quarum mater intestata decesserit. Nam si quid de pro- « priis ornamentis vestibusque decreverit, nulla in posterum actione cassabitur. »

« à ses sœurs ou à ses proches parents [1]. » Le droit des frères était reconnu. La loi ne mentionne que les sœurs, pour montrer qu'elles n'étaient pas exclues. C'est une observation que M. Matile a judicieusement présentée. (*Études sur la loi Gombette*, p. 46.)

Les filles étaient héritières de leurs sœurs, à l'exclusion de leurs frères, qui n'arrivaient qu'à défaut de celles-ci [2].

Si une femme n'avait pas disposé des objets que son mari lui avait donnés par testament ou par donation, ces objets étaient recueillis par ses parents dans sa succession, si elle mourait *ab intestat* [3].

Enfin, comme nous l'avons dit en parlant de la succession en ligne directe, les sœurs du défunt qui n'avait laissé en mourant que des petits-fils ou une fille, héritaient, dans le premier cas, du quart des biens délaissés (tit. LXXVI, 1 et 2), et, dans le second cas, la succession était partagée par moitié entre la fille du défunt et les sœurs du défunt, tantes de cette fille. (*Ibid.* art. 3.)

SUCCESSION DÉFÉRÉE À L'ÉPOUSE. — L'épouse était héritière de son mari à titre de gain de survie, ou de viduité. Elle avait tellement

---

[1] Tit. XIV. *De Successionibus.* Art. 2 : «Si forte defunctus nec filium nec «filiam reliquerit, ad sorores vel *propinquos parentes* hæreditas redeat.»

La loi Gombette ne détermine pas à quel degré cessait la successibilité chez les Burgondes. La famille s'étendait, chez les Ripuaires, jusqu'au cinquième lignage, *usque ad quintum genusculum* (LVI, 3); chez les Francs Saliens, jusqu'au sixième, *nisi post sextum geniculum* (*L. Sal.* XLVII, 4); chez les Lombards, jusqu'au septième, *usque ad septimum gradum* (*L. Roth.*). (Voir Klimrath. I, 385; Laferrière, II, 77, et III, 205.)

[2] Tit. LI. Art. 5 : «Quod si necdum nupta puella sorores habens de hac «luce transierit, suamque per scripturam, aut coram testibus non vulgaverit «voluntatem, portio ejus post ejus mortem ad sorores suas, remota ut dictum est «fratrum communione, pertinent.»

Art. 6: «Verum si defuncta non habuit puella germanam, et de rebus suis «non evidenter observanda decreverit, fratres sui hæredes accedant.»

[3] Tit. XXIV. *De Mulieribus burgundiis ad secundas vel tertias nuptias.* Art. 3 : «Ceterum si quis filiorum matri per testamentum aliquid, aut donationem con-«tulerit, mater exinde faciendi quod voluerit liberam habeat potestatem.»

Art. 4 : «Aut si intestata defecerit, mulieris parentes hæreditatem ejus suo «dominio vindicabunt.»

la qualité d'héritière que, si elle ne renonçait pas, avec ses enfants, à la succession, elle était, de même que ceux-ci, tenue au
payement des dettes [1].

Le droit que la loi Burgonde accordait à la femme sur la succession de son mari lui était attribué, non pas à titre de communauté lui conférant la propriété et la pleine disposition de la part
qui lui revenait dans cette succession, mais, suivant l'esprit des
coutumes germaniques, à raison de sa collaboration dans l'association du mariage, et en cas de survie seulement [2].

La part de l'épouse était réglée suivant qu'elle n'avait point
d'enfant, qu'elle n'en avait qu'un seul ou qu'elle en avait plusieurs;
suivant qu'elle gardait le veuvage ou passait à de nouveaux liens.

Une première loi investit la veuve qui n'avait pas d'enfant de
la jouissance du tiers de tous les biens de son mari [3]. Une loi pos-

---

[1] Tit. LXV. *De Mulieribus viduis a quibus maritorum debita requiruntur.*
Art. 1 : «Si qua mulier vidua filios habens, si et illa et filii sui cessionem de
«bonis mariti, qui defunctus est, fecerint, nullam ex debito ipsius repetitionem
«aut calumniam patiantur.»

Art. 2 : «Si certe præsumpserint hæreditatem, debitum paternum simul sol-
«vant.»

[2] On lit,

1° Dans la loi Ripuaire, tit. XXXIX, 2 ... «Si virum supervixerit... tertiam
«partem de omni re quam simul *collaboraverint,* sibi studeat vindicare.»

2° Dans la loi Saxonne : «De eo quod vir et mulier simul conquisierint, mulier
«mediam portionem accipiat ; hoc apud Westfalos.»

3° Dans l'un des Capitulaires de Louis le Débonnaire : «Volumus ut uxores
«defunctorum post obitum maritorum tertiam partem collaborationis quam simul
«in beneficio conlaboraverunt, accipiant.» (Anas. IV, 9.)

«Le caractère de ressemblance, comme le fait remarquer Laferrière (t. III,
«p. 166), qui existait entre les lois Ripuaire, Burgonde, Saxonne et le Capitu-
«laire de Louis le Débonnaire, statuant que les femmes, après la mort de leur
«mari, *recevraient le tiers de la collaboration dans le bénéfice,* indique clairement
«que toutes ces lois tiraient leur origine des mêmes mœurs et de situations ana-
«logues.» Il faut ajouter que la loi Burgonde a posé la première le principe.

[3] Tit. XLII. *De Hæreditatibus eorum qui sine filiis moriuntur.* Art. 1 : «Licet
«de hæredibus eorum qui sine filiis moriuntur, complura prioribus legibus jus-
«serimus, tamen nunc impensius universa tractantes justum esse prospeximus,
«ut aliqua ex his quæ antea præcepta fuerant corrigantur. Idcirco præsenti
«constitutione decernimus, ut si mulier, defuncto sine filiis conjuge suo, ad se-

térieure statua qu'elle ne pourrait réclamer cette jouissance qu'autant que ses parents et son mari ne lui auraient pas laissé, par donation ou par testament, des moyens d'existence convenables [1]. La veuve avait droit à un tiers de la jouissance des biens de l'époux si elle n'avait qu'un enfant. Ce droit était réduit au quart si elle avait deux enfants ou un plus grand nombre [2].

La veuve qui se remariait perdait la jouissance du tiers que la loi lui attribuait sur la succession du mari, *tertiam substantiæ partem... dimittat* (tit. XLII, 2); mais elle conservait, dans tous les cas, la jouissance du morgengab, c'est-à-dire de la donation nuptiale qui lui avait été faite le lendemain du mariage [3].

Sans dépouiller la famille, et par de sages combinaisons, le légis-

« cunda vota non ierit, tertiam totius substantiæ mariti usque ad diem mortis « suæ secura possideat : sic tamen post transitum ejus, ad legitimos mariti hære- « des omnia revertantur. »

[1] Tit. LXXIV. *De Viduis et filiis eorum.* Art. 1 : « Anteactis quidem tempori- « bus emissa generaliter lege fuerat constitutum, ut si mulier, defuncto sine filiis « marito suo, ad secundas nuptias non transiisset, tertiam hæreditatis ejus usque « in diem vitæ suæ propriis utilitatibus vindicaret : sed nunc ex ipso eodemque « titulo cum optimatibus populi nostri adtentius universa tractantes generalitatem « prædictæ legis placuit temperare. Quapropter jubemus, ut illa tantum vidua « hanc, de qua loquimur, in hæreditate mariti accipiat quantitatem, quæ patris « aut matris non habuerit facultatem, aut si ei maritus suus aliquam, in qua « vivere possit, successionis suæ non donaverit quantitatem. »

[2] Tit. LXXIV. Art. 2. « Quæcumque sane mulier, conjuge suo in fata conlapso, « ad secundi mariti vota non ierit, aut ejus adulti jam filii secum esse noluerint, « hac ratione cum eis defuncti mariti dividat facultatem. Ut si filium habuerit, « prædictæ substantiæ tertiam consequatur; si duo, aut tres, vel quatuor, aut « plures erunt filii, quartam accipiat portionem : quam tamen post obitum ejus « ad filios ipsius placuit remeare. »

[3] Tit. XIV. *De Successionibus et sanctimonialibus.* Art. 1 : « Inter Burgundio- « nes id volumus custodiri, ut si quis filium non reliquerit, in loco filii filia in « patris matrisque hæreditate succedat. »

Art. 2 : « Si forte defunctus nec filium nec filiam reliquerit, ad sorores vel pro- « pinquos parentes hæreditas redeat. »

Tit. XXIV. *De Mulieribus burgundiis ad secundas vel tertias nuptias transeun- tibus.* Art. 1 : « Si qua mulier duntaxat burgundia post mariti mortem ad se- « cundas aut tertias nuptias, ut adsolet fieri, fortasse transierit, et filios habuerit, « ex omni conjugio donationem nuptialem dum advivit usufructu possideat; « post ejus mortem ad unumquemque filium quod pater ejus dederat revertatur :

lateur avait su ménager à la veuve, suivant sa position, les droits
et les souvenirs de l'union qui n'était plus.

§ 3. Donation et Testament.

La donation et le testament constituent le mode de transmission
de la propriété par la volonté de l'homme, comme les successions
en opèrent la transmission par la force virtuelle de la loi.

La donation fut en usage de tout temps chez les peuples de la
Germanie; chacun avait le droit de disposer de sa chose comme
il l'entendait, si ce n'est de la maison d'habitation, *domum spatio*
(*Germ.* XVI), sorte de propriété de famille.

Une charte des Francs du comte Augelbert, de l'an 709, semble
un témoignage, subsistant même alors, de cet antique usage du
droit souverain de donation. Il y est dit: « Les lois et le droit per-
« mettent, et le PACTE DES FRANCS porte que chacun fasse de ses
« biens ce qu'il voudra et jouisse à cet égard d'un plein pouvoir [1]. »

Mais les Germains, nous apprend Tacite, ne connaissaient
pas le testament. Ils ne comprenaient pas cette puissance de
l'homme pouvant faire survivre sa volonté, par un droit que la

« ita ut mater nec donandi, nec vendendi, nec alienandi de his rebus quas in
« donatione nuptiali accepit habeat potestatem. »

Art. 2 : « Si forte mulier illa filios non habuerit, quidquid ad eam de donatione
« nuptiali pertinuit, post mortem mulieris medietatem parentes ejus, medietatem
« defuncti mariti donatoris parentes accipiant. »

Tit. XLII. *De Hæreditatibus eorum qui sine filiis moriuntur.* Art. 2 : « De mor-
« gengeba vero, quod priori lege statutum est, permaneat. Nam si a tempore
« obitus prioris mariti infra annum nubere voluerit, habeat liberam potestatem :
« et tertiam substantiæ partem, quam permissa fuerat possidere, dimittat. Cete-
« rum si emenso anno vel biennio maritum voluerit accipere, omnia, sicut dictum
« est, quæ de priore marito habuit, derelinquat, et pretium quod de nuptiis ejus
« inferendum est accipiat : et parentibus defuncti mariti debetur hæreditas. »

Tit. LXII. *De Filiis unicis.* Art. 1 : « Filius unicus, defuncto patre, tertiam
« partem facultatis matri utendam relinquat, si tamen maritum alterum non ac-
« ceperit. »

Art. 2 : « Nam si ad alias nuptias transierit, omnia perdat : dote tamen sua,
« quam a marito suo acceperat, quamdiu vixerit, utatur, filio proprietate servata. »

[1] *Diplom.* nouv. édit. I, p. 280. « Dum leges et jura sinunt et *conventio Fran-*
« *corum* est ut de facultatibus suis quisque quod facere voluerit, liberam habeat
« potestatem. »

philosophie de nos jours fait remonter à l'immortalité de l'âme. Ils n'admettaient que l'hérédité du sang, la succession légitime de la parenté paternelle et maternelle.

Chez les Romains, le testament avait une prédominance sur les liens de la nature. On le considérait comme la transmission de la famille tout entière et des dieux domestiques eux-mêmes.

Lorsque les Burgondes s'établirent dans les Gaules, ils adoptèrent le testament (tit. XLIII et LX), mais sans lui attribuer tous les effets de la loi romaine. Loin d'opérer la transmission de toute l'hérédité sur la tête de l'institué, le testament burgonde n'apporta aucun changement à la distinction des patrimoines, l'un des principes caractéristiques du droit germanique en matière successorale.

Les formes du testament et de la donation sont réglées par les titres XLIII et LX de la loi Gombette.

Le titre XLIII imposa d'abord l'obligation de rédiger la donation et le testament par écrit, en prescrivant, pour leur validité, que sept témoins y apposassent, comme ils le pourraient, ou leur cachet ou leur souscription [1]. « Ideoque ordine in populo nostro dona-

---

[1] M. Guigue, ancien élève de l'école des Chartes, dans un livre récent sur l'*Origine des signatures* (in-8°, Paris, 1863), a très-bien expliqué ce qui caractérisait le *signum* et la *subscriptio* chez les Romains, auxquels ces formalités ont été empruntées par la loi Gombette.

Le *signum*, que la plupart des auteurs traduisent mal à propos par *signature*, était l'empreinte d'un cachet apposé à un acte, soit par les contractants, soit par les témoins. Ce cachet était formé par le chaton d'un anneau, *annulus, annulus signatorius*, que tous les citoyens romains avaient le droit de porter.

La *subscriptio* était la souscription tracée de la propre main des contractants et des témoins, contenant la déclaration de leurs noms, de leur qualité et du rôle que chacun d'eux jouait dans l'acte.

« Vers le temps de Cicéron, dit M. Guigue (p. 3), les préteurs, afin de donner « un moyen de tester aux provinciaux et aux *peregrini*, introduisirent l'usage des « testaments écrits, testaments dégagés des formes solennelles et symboliques de « la mancipation. Ces testaments, nuls aux yeux de la loi civile, ne pouvaient re- « cevoir leur effet du préteur, — qui donnait aux héritiers ainsi institués la pos- « session des biens, *bonorum possessio*, — que s'ils avaient été rédigés ou clos en « présence de sept témoins et revêtus du *signum* de chacun d'eux. Les constitutions « des empereurs du Bas-Empire adoptèrent exclusivement, dans la suite, cette « forme de tester innovée par le droit prétorien, mais exigèrent, outre l'apposition

« tiones factæ et testamenta valebunt ut quinque aut septem testes
« donationi aut testamento, prout possunt, aut signa aut suscrip-
« tiones adjiciant. » (Tit. XLIII, 1.)

Une loi nouvelle, formant le titre LX du même code, apporta
à cette disposition les modifications suivantes :

1° Tout Burgonde ingénu fut admis à faire une donation ou
une démission de biens d'après les prescriptions de la loi romaine,
c'est-à-dire par un acte écrit avec apposition du cachet et de la
souscription des témoins; — ou d'après les usages en pratique
chez les Barbares, c'est-à-dire en présence de cinq ingénus [1].

Les ingénus pouvaient être suppléés par des affranchis [2]; au

« des *signa* du testateur et des témoins, celle de leur souscription tracée de leur
« propre main... *Finem autem testamenti subscriptiones et signacula tantum esse de-*
« *cernimus; non subscriptam autem a testibus ac signatum testamentum pro infecto*
« *haberi convenit.* » (Theod. et Valent. l. XXI; cap. *De Testam.*)

Les Burgondes adoptèrent des Romains l'usage de l'anneau, comme cela ressort de la loi Gombette, puisque le titre XLIII de cette loi admet la validité de
la donation ou du testament écrits, sur lesquels sept témoins auront apposé leur
signum. Mais, comme tous les Burgondes n'avaient pas nécessairement un anneau,
le titre XLIII se borne à exiger ou l'apposition du *signum* ou simplement la *sub-*
scriptio. Les Romains du Bas-Empire avaient subordonné la validité du testament
à la double formalité de l'apposition du *signum* et de la *subscriptio.*

Si le donateur ou l'auteur d'un testament ou les témoins ne savaient pas écrire,
il suffisait, comme chez les Romains, pour tenir lieu de *subscriptio,* que le con-
tractant ou le témoin traçât, de sa main, sur l'acte, un signe quelconque, une
croix par exemple. Les fameuses chartes de Ravenne, du ve siècle, dont les ori-
ginaux sont conservés à la Bibliothèque impériale de Paris, nous en fournissent
un témoignage.

[1] Tit. LX. *De Adhibendis donationum testimoniis.* Art. 1 . . . . . «Ceterum si quis
« post hæc Barbarus vel testari voluerit vel donare, aut *romanam consuetudi-*
« *nem, aut barbaricam* esse servandam sciat, si vult aliquid firmitatis habere
« quod gesserit; id est, aut scripturis legitimis, quod largiri cuicunque volue-
« rit, teneatur; aut certe quinque ingenuorum testimonio, quod dimittere vo-
« luerit vel donare, robur accipiat, et in ejus cui res deputata fuerit jura com-
« migret. »

Cette disposition de la loi Gombette montre combien les Burgondes étaient
entrés, dès le commencement du vi[e] siècle, dans la pratique des usages romains,
puisqu'ils donnent ou testent suivant les formes de la loi romaine.

[2] Tit. LX. Art. 2 : «Libertos etiam, si competens ingenuorum numerus de-
« fuerit, patimur testimonium perhibere. »

besoin par des esclaves du roi, désignés par le donateur, et adjoints aux ingénus [1].

Lorsque la libéralité était faite, non par écrit, mais en présence de témoins, le serment de ceux-ci devait être fourni suivant la coutume des Barbares [2].

La donation ou le testament pouvait porter sur tous les biens du père de famille à l'exception du *sors;* et encore, le partage du *sors* une fois opéré, le père pouvait disposer de sa part virile. La mère avait de son côté la libre disposition de ce que son fils lui avait laissé par donation ou par testament [3].

Les fils, comme nous l'avons vu, aux termes de l'article 1er du titre X de la loi Gombette, succédaient à leurs père et mère à l'exclusion des filles; mais le père pouvait rétablir l'égalité entre ses enfants en donnant à ses filles tout ce qu'il jugeait à propos sur les biens dont il avait la libre disposition. Et même, aux termes du titre LXXXVI, art. 1er de la même loi, si un père avait fait une démission de biens à ses fils qui fût onéreuse pour ceux-ci, et voulait ensuite faire des donations sur ce qui avait pu lui advenir postérieurement, il le pouvait comme bon lui semblait; et, si ces donations avaient été consenties par lui au profit de ses filles, nul ne pouvait les rechercher à cet égard [4].

C'est ainsi que plus tard, comme on le voit par une célèbre formule de Marculfe [5], les Francs appelèrent aussi, par la faveur du testament, les filles à l'égalité du partage avec leurs frères dans les successions paternelle et maternelle, même pour l'alleu.

[1] Tit. LX. Art. 3: «Nam et inter ingenuos etiam servorum nostrorum oportet «testimonium admitti; dummodo compositi testes manu ejus qui dimittere aliquid «voluerit vel donare.»

[2] Tit. LX. Art. 4: «Aut si testimonii fides tracta fuisset, secundum consuetu-«dinem Barbarorum præbeat jusjurandum.»

Aux termes de l'article 2 du titre VIII, le serment devait être prêté à l'église.

[3] Tit. XXIV. Art. 3: «Ceterum si quis filiorum matri per testamentum aliquid, «aut donationem contulerit, mater exinde faciendi quod voluerit liberam habeat «potestatem.»

[4] Tit. LXXXVI. *De Mala hæreda.* Art. 1: «Si pater filiis malam hæredam, si «vivus dare voluerit, cui voluerit donet; postea ad filias suas si ille dederit, nemo «requirat.»

[5] Les Formules de Marculfe furent rédigées au VIIe siècle. La formule 12 du

Tels étaient, envisagés sous les rapports personnels et réels, les principes fondamentaux de la famille chez les Burgondes; ils forment, au point de vue de la parenté légale, les rudiments de l'organisation actuelle de la famille dans notre ordre social.

On voit quels furent les efforts constants de la nation burgonde, devançant tous les autres peuples, pour concilier l'élément germanique avec les éléments romain et chrétien, dont l'alliance a préparé et fondé notre civilisation moderne.

Le code Gondebaud est le premier monument écrit de l'Europe qui ait légalement institué la famille d'après les liens du sang; formulé en loi positive le principe d'émancipation de l'homme, en le proclamant *sui juris* à l'âge de majorité; fait de l'épouse une associée du mari; réservé, dans la succession de celui-ci, des droits pour la veuve. Ce code a fait plus : le premier il a proclamé la tutelle légale de la veuve sur ses enfants, initiant ainsi la femme à tous les droits de la vie civile, à la plénitude de ses droits de mère.

Quelques restes de mœurs grossières dont on retrouve parfois la trace dans la loi Burgonde ne sauraient ni effacer ni faire oublier ce qu'il y a, dans de telles mesures, disons mieux, dans de telles institutions, de sage et utile progrès.

Dans un autre ordre d'idées, sous le rapport des droits réels de la famille, quel intérêt n'offre pas cette loi, qui, en tempérant les coutumes germaniques sans les briser, introduit, parmi les Germains fixés dans les Gaules, les premières applications de la représentation successorale en ligne directe; appelle les filles à succéder à leurs père et mère à défaut de fils, les sœurs à la succession de leurs frères.

Ce qui distingue éminemment la législation burgonde, c'est son action dévouée pour la femme se manifestant particulièrement par l'hommage rendu à l'autorité de la mère.

livre II, s'élevant avec force contre « la coutume ancienne, mais impie, *diuturna* « *sed impia,* qui exclut les filles de la terre paternelle, » appelle la sœur « à par- « tager également avec ses frères, tant dans les biens formant l'alleu paternel, « que dans les acquêts, les esclaves et généralement tous les objets laissés par le « père de famille. » (Voir Laferrière, t. III, p. 196.)

On l'a souvent dit : le progrès de l'humanité est surtout marqué par le développement des droits de la femme.

On aime à constater que la loi qui renferme la plus haute expression de ces droits a été édictée sur la terre des Gaules, cette terre d'où si souvent sont sorties les plus nobles idées, dont les bienfaits sont allés se répandre dans le monde entier.

IMPRIMERIE IMPÉRIALE. — 1864.